SOY
CUBA

RAYMUNDO GARCÍA PARRA • 1965

El acusado
Checoslovaquia

The Accused
Czechoslovakia

SOY CUBA

**el cartel
de cine
en cuba
después
de la
revolución**

cuban
cinema
posters
from
after the
revolution

carole goodman + claudio sotolongo

introducción | foreword by **steven heller**

COPYRIGHT © 2011
Trilce Ediciones
Derechos reservados/All rights reserved

D.R. © Trilce Ediciones S.A. de C.V.
Euler 152–403, Chapultepec Morales,
11570, México, D.F.
Tel. (52 55) 52555804
trilce@trilce.com.mx
editorial@trilce.com.mx
www.trilceediciones.com
www.myspace.com/trilceediciones
ISBN 978-607-766-318-8

SOY CUBA: el cartel de cine en Cuba
despuésde la revolución/cuban cinema posters
from after the revolution
© Carole Goodman and Claudio Sotolongo

introducción/foreword © Steven Heller
"un nuevo comienzo/a new beginning"
© Flor de Lis López Hernández
"preservación y circulación/preservation and
circulation" © Sara Vega Miche

editores/publishers: Déborah Holtz and
Juan Carlos Mena

diseño/design/production/editing/translation/
copy editing: Carole Goodman

traducción/translation: Round the Clock:
english/spanish: Marisa Abdala/David Miret
español/inglés: Michael Swierz/Edward Tully

revisión español/spanish proofreading:
Luis Bernardo Pérez Puente/Trilce Ediciones

revisión inglés/english proofreading:
Lisa Heller/Trilce Ediciones

producción editorial/production:
Edgar Martínez Ramírez/Trilce Ediciones

retoque digital/digital image retouching:
Jorge Bustamante/Trilce Ediciones

Los carteles de este libro se publican con el
permiso del:/The posters in this book are
published with the permission of:
Instituto Cubano del Arte e Industria
Cinematográficos
Ediciones ICAIC
Calle 23 no. 1155
La Habana, Cuba
Tel. (537) 838–2865
Email: publicaciones@icaic.cu

Queda prohibida la reproducción total o parcial
de los contenidos e imágenes de esta obra por
cualquier medio o procedimiento sin la previa
autorización por escrito de Trilce Ediciones, S.A.
de C.V./Reproduction in whole or part of the
contents and images of this work is prohibited
by any means or process without the prior
written permission of Trilce Ediciones.

Se hizo todo el esfuerzo por localizar a los
autores de los carteles o a sus familiares./
Every effort has been made to locate the
poster authors or their families.

distribución/distribution
D.A.P./Distributed Art Publishers Inc.
155 Sixth Avenue
New York, New York 10013
www.artbook.com

The American Federation of Arts
41 East 65th Street
New York, New York 10021

impresión/printing
Toppan Printing Co. (HK) Ltd.

6
prólogo de steven heller
9   foreword by steven heller

12
un estadounidense en la habana: familiarizarse con el diseño gráfico cubano de carole goodman
an american in havana: becoming acquainted with cuban graphic design by carole goodman

22
introducción de claudio sotolongo
introduction by claudio sotolongo

30
1959–1966
un nuevo comienzo by flor de lis lópez hernández
a new beginning by flor de lis lópez hernández

126
1967–1974
preservación + circulación by sara vega miche
preservation + circulation by sara vega miche

252
1975–1980
el fenómeno by nelson ponce sanchez + claudio sotolongo
the phenomenon by nelson ponce sanchez + claudio sotolongo

311
índice de artista
index of artists

recuperar un tesoro olvidado • STEVEN HELLER

Los carteles cinematográficos reunidos en este libro son conceptualmente tan extraordinarios que cuesta creer que anuncien películas. En general, los carteles suelen ser mediocres, reproducen clichés que deben ser el gancho para la audiencia según el criterio de unos agentes comerciales sin pizca de imaginación. Estos carteles cubanos no se adaptan a las exigencias del mercado, ningún agente les hubiera dado el visto bueno; en caso contrario, no serían lo que son. Su mera existencia plantea en primer lugar la pregunta: ¿por qué los carteles de Hollywood son normalmente tan vulgares mientras que estos carteles cubanos, algunos para las mismas películas, derrochan imaginación? Y en segundo lugar, la pregunta no menos sorprendente: ¿por qué han estado ocultos en el Instituto Cubano de Arte e Industria Cinematográficos durante tanto tiempo?

Si bien los carteles políticos cubanos de la Organización de Solidaridad de los Pueblos de África, Asia y América Latina (OSPAAAL) se han expuesto y se han documentado ampliamente, estos otros han permanecido en secreto hasta que Carole Goodman los ha sacado a la luz. Este descubrimiento equivale en la historia del arte popular a un hallazgo arqueológico de gran importancia, tan memorable para el legado del diseño gráfico como lo fue en los setenta el redescubrimiento de los carteles de cine constructivistas de la Rusia de los años veinte.

Su valor y reconocimiento no radica en el hecho de que trasciendan las convenciones comerciales de la industria cinematográfica, que supeditan el diseño a los actores estrella y tienden a hinchar la tipografía. Desde un punto de vista histórico y social, la significación de estos carteles, posteriores a la revolución cubana de 1959, subyace en un lenguaje gráfico único, que aunque hunde sus raíces en la Europa de aquel tiempo, desarrolla una concepción gráfica propia que respira una gran libertad, y por el momento podemos llamar "estilo cubano revolucionario".

Igual que los constructivistas rusos de los veinte, los cartelistas polacos de los setenta o incluso los del Atellier Populaire francés de 1968, los artífices de este lenguaje visual transmiten un entusiasmo juvenil revolucionario, no tanto político sino estético. En el caso ruso, los líderes soviéticos traicionaron a la vanguardia por una mayor conformidad social (así nació el "realismo socialista"). Sin embargo, el estilo gráfico cubano irradia un fuerte sentido de libertad individual. Resulta paradójica la libertad que existía en Cuba para producir carteles de tono carnavalesco, sobre todo si la comparamos con la rigidez de los clichés dictados por Hollywood, porque implica que la libertad creativa y estilística tenía más apoyo en un régimen dictatorial que se reconocía como tal que en una industria cinematográfica que se abría paso con puño de hierro.

A simple vista estas joyas, ejemplo de agudeza visual y expresividad tipográfica, no siguen ni una de las convenciones del cartelismo, antes parecen cubiertas de libro. De hecho, la mayoría funcionaría igual de bien en un formato menor (ver *El jueves,* página 229, *La boda,* página 225, o *La guerra y la paz,* página 233), aunque como

carteles logran capturar la mirada tanto por su expresividad como por su capacidad para inducir a la reflexión.

No puedo apartar la mirada de *El mar* (página 228), sin duda el diseño gráfico más excepcional que he visto jamás, y no exagero. Los contrastes entre la bifurcación de la *m* ornamental y la tipografía *sans serif* condensada, y esto junto a la silueta aparentemente arbitraria de un paraguas ejercen un poderoso efecto hipnótico. Quizá sea también la sucesión de medios círculos delicadamente coloreados lo que captura al ojo. Pero más allá de la disposición de las imágenes, que genera una composición irresistible, la mera combinación de tipografía y abstracción trasciende la imagen comercial y transforma el cartel en una obra de arte, de arte consciente de sí mismo.

Estos carteles juegan con una amplia gama de conceptos y formas que van desde lo decorativo a lo simbólico, de lo cómico a lo serio, de lo expresivo a lo surreal. *Nos amamos tanto* (página 281), aúna todos estos matices en una sola lámina, y sin embargo no pierde su esencia minimalista. El minimalismo funciona. Aunque si hay un concepto bajo el cual se engloban todas las obras, ése es el surrealismo. No deja de sorprender que también fuese la corriente que influyó a la gráfica tras el Telón de Acero de los sesenta a los ochenta. Los tropos surrealistas permiten al artista y diseñador enmascarar ciertas ideas visuales que podrían ofender la sensibilidad de la censura. Y por otro lado, la dislocación de la realidad proporciona también más oportunidades para el juego pictórico. Además del surrealismo, otra característica compartida por casi todos estos carteles es la economía de espacio. Incluso una composición tan recargada como *Tulipa* (página 248), tiene de fondo un amplio prado verde, con lo que se consigue crear la ilusión de que la figura en bikini con ambigua sensualidad está bailando por la lámina. ¿Y qué podría ser más vistoso a pesar de su economía que *Rita* (página 295)? En este primer plano en blanco y negro, de marcado contraste, sorprende cómo el cartelista consigue decir tanto sobre la atmósfera de la película con tan poca información gráfica. En Hollywood, hacer algo similar sería imposible: ¿dónde están los créditos con las estrellas?

Especular sobre las fuentes de inspiración de los artistas es sumamente interesante. *La larga noche del '43* (página 49), trae reminiscencias de Saul Bass, diseñador gráfico estadounidense pionero en el diseño de títulos de crédito de películas que introdujo el minimalismo expresionista en la pantalla y los carteles. La figura divinamente esbozada de *Beatriz* (página 47), recuerda al diseñador de cubiertas de libro Roy Kuhlman, y la simbólica *Todos son inocentes* (página 56), tiene un aire a George Guisti, que también diseñó cubiertas. Seguramente, cuando estos diseñadores estudiaron en la escuela de arte, hojearan la *Art Director's Club*, de Nueva York, o los anales de la *Society of Illustrators*. Es probable que recibieran la revista Swiss *Graphis*, con su firme voluntad de publicar el diseño que se estaba haciendo en la Europa del Este, tras el Telón de Acero, y que sin duda también supuso el influjo del Oeste en el Este.

También es posible que la inspiración y el estilo les sobrevinieran de manera natural e instintiva. Los carteles son tan innovadores —no sólo comparados a los de Hollywood, también a los carteles polacos de cine y de teatro, cuya época dorada fue en los sesenta y setenta— que resulta difícil establecer un nexo. Tampoco se puede trazar una línea entre estos carteles y cualquier otro de América latina o Sudamérica.

El diseño gráfico anterior a la revolución, con una fuerte influencia de Estados Unidos y Europa, sobre todo de estilo art déco, que prevaleció en los anuncios y la ilustración de revistas, fue rechazado por los diseñadores de carteles de películas. El diseño de la década de los veinte hasta los años cincuenta era por lo general bastante amanerado, que no rígido, pues a menudo hacía gala de un espíritu caribeño, pero estos carteles evitan el excesivo artificio y toman como referencia características bien definidas del arte moderno. *A pleno sol* (página 80), *El hombre que debía morir* (página 81), *Alba de Cuba* (página 84), y *El cielo del Báltico* (página 85), por ejemplo, hunden sus raíces en el arte pictórico (o en el *collage*). Muchos podrían haberse diseñado ayer u hoy, o incluso en un futuro. Puesto que no se ciñen a un espíritu conformista, su energía traspasa las limitaciones del tiempo. *El Pisito* (página 88), con las letras blancas como ventanas del edificio, podría estar en un anal de diseño gráfico actual, y quizá llegue a estarlo después de que algún diseñador lo vea en este libro. La discordancia tipográfica en *Desarraigo* (página 89), refiere a un concepto y a una ejecución tan contemporáneos que pasará a la historia como el mejor ejemplo de expresividad tipográfica.

Los arqueólogos del diseño se encargan de obsequiarnos de tanto en tanto con alguna que otra pieza particular perdida que nos ayuda a conformar la historia general, pero rara vez se encuentra un tesoro como éste, una colección de material totalmente desconocido e intacto. No resulta difícil editar una masa crítica de contenido como un corpus de trabajo bien definido, pero aún incluyendo trabajos menores, la calidad de estos carteles sigue siendo increíble. Son sin duda un modelo de excelencia, incluso para Hollywood. Quién sabe si algún día los estadounidenses lograrán alcanzar el nivel de estos carteles de películas cubanos.

Steven Heller es copresidente del programa MFA Designer As Author de la School of Visual Arts de Nueva York y el autor, editor y coautor de más de 130 libros sobre diseño y cultura popular.

recalling a forgotten treasure • STEVEN HELLER

The posters in this book are so conceptually stunning it is hard to believe they are advertising films. Movie posters are typically mediocre and mired in clichéd imagery that unimaginative marketers believe will pique an audience's interest. These Cuban film posters could never have been market tested or run through the typical approval wringer. If so, they would never look like this. Their very existence raises the question: Why are posters produced for Hollywood, USA, generally so mundane, while posters promoting some of the same movies in Cuba are so visually inventive? And perhaps a more perplexing question: Why have they been hidden away in the Cuban Institute of Cinematographic Art and Industry for so long?

Cuban political posters produced by the Organization of Solidarity of the People of Asia, Africa & Latin America (OSPAAAL) have been widely exhibited and documented, but this extensive body of work has been kept virtually secret until Carole Goodman uncovered them. In the history of popular art, these posters are comparable to any major archeological find, and are as momentous to the legacy of graphic design as the rediscovery in the 1970s of Twenties era Russian Constructivist film posters.

What makes them worthy of such status (and awe) is less that they transcend the marketing conventions of the motion picture industry—which demands star-studded imagery and bloated typography. Even more essential from a socio-historical point of view is that these posters, created after the Cuban revolution in 1959, exhibit a unique graphic language that has roots in then contemporary Europe, but ultimately developed a distinct graphic accent, which could for now be called a "Revolutionary Cuban Style." And what a free style it is.

Like the Russian Constructivists of the Twenties, and the Polish poster artists of the Seventies, and even the French Atelier Populaire of 1968, this Cuban visual language expresses a youthful revolutionary zeal—not politically but aesthetically. In the Russian case, the avant garde was eventually betrayed by Soviet leaders and their demand for greater social conformity (which became Socialist Realism). This Cuban graphic style exudes a sense of individual freedom. Ironically, the freedom to produce carnivalesque movie posters in Cuba, when compared to the more rigidly proscribed poster clichés dictated by Hollywood, suggests that creative liberty and stylistic playfulness had more support under the real dictatorial regime rather than an iron fisted movie industry.

At first glance, these gems of visual acuity and typographic expression do not follow the conventions of posters at all. They each look more like book covers and jackets. Almost each one (see *El jueves,* page 229, *La boda,* page 225, or *La guerra y la paz,* page 233) could have major impact in a smaller format. Yet, as posters, they capture the eye in ways that are both demonstrative and distinctly contemplative.

I can't take my eyes off of *El mar* (page 228). It is the most sublime graphic design I have ever seen—no hyperbole intended. The contrasts, first of the condensed sans serif type sandwiching the ornate bifurcated "m," then this unit next to the seemingly arbitrary silhouette of an umbrella, is curiously hypnotic. Maybe it is also the repeating pattern of soothingly colorful half-circles that draws the eye. Whatever calculus of images makes the total composition so compelling, the combination of type and abstraction results not in just a mere commercial image, but in a piece of art—assertive art.

These posters run a conceptual and formal gamut, from decorative to symbolic, from comic to serious, from expressive to surreal. *Nos amamos tanto* (page 282) embodies all these traits into one and yet it is such a minimalist work. Minimalism works. If there is one common conceit, surrealism appears to reign. Interestingly, surrealism was widely practiced in Iron Curtain graphics throughout the '60s, '70s, and '80s. The surreal tropes enable the artist and designer to mask certain visual ideas that might offend the censor's eye. The dislocation of reality also provides greater opportunities for pictorial adventures. In addition to surrealism, economy of space is the other thing almost all these posters have in common. Even an otherwise ornate rendering like *Tulipa* (page 249) is set against an open green field, allowing the abstractly sensual bikini clad figure to seemingly dance across the page. And what could be more alluring in its economy than *Rita* (page 295)? This tightly cropped high contrast black-and-white image says so much about the texture of the film with so little graphic information. It would be impossible to do this in Hollywood. (Where are the stars' credits?)

It is interesting to speculate on where and how the artists got their inspirations. *La larga noche del '43* (page 49) is reminiscent of Saul Bass, the American graphic designer and film title pioneer who introduced expressionist minimalism to screen and poster design. The delightfully sketched figure of *Beatriz* (page 47) suggests the American book jacket designer Roy Kuhlman, and the symbolic *Todos son inocentes* (page 56) has a

George Guisti look—he, too, was known for his book jackets. As students in art school, these designers may have seen the New York Art Director's Club or Society of Illustrators annuals. They probably received the Swiss *Graphis* magazine, which made a relentless effort to publish Eastern European/Iron Curtain design, and essentially introduced the West to this work and vice versa.

Yet maybe the inspiration—and style—just came naturally and instinctively. The posters are so different, not just compared to Hollywood posters, but from Polish film and theater posters, which were at their creative peak during the 1960s and 1970s—that it is difficult to trace a direct link. There is no clear line between these posters and other designs in Latin or South America.

The pre-revolutionary graphic design, much of it borrowed from America and Europe, notably the Art Deco conceits that prevailed in advertisements and magazine illustration, appear to have been rejected by the film poster designers. Cuban commercial art from the 1920s through the 1950s was usually quite mannered, which is not to say rigid—it was often playful, with a Caribbean spirit—but these film posters avoid excessive mannerisms in favor of definite modernist art roots. Take *A pleno sol* (page 80), *El hombre que debia morir* (page 81), *Alba de cuba* (page 84), and *El cielo del baltico* (page 85), which all have painterly (or collage) roots. Many appear as though they could have been designed yesterday or today and even tomorrow. Without a conformist style, they have a timeless energy. *El pisito* (page 88), with its building windows made of white letters, could easily be in a graphic design annual today—and may turn up after a designer sees it in this book. And the typographically jarring *Desarraigo* (page 89) is such a contemporary idea and execution that it is destined for the pantheon of expressive lettering.

Design archeologists have long been uncovering various one-off lost items that fit nicely into the overall history. But rarely has such a treasure as this—a collection of material so decidedly unknown—been found intact. It is always easy to edit a critical mass of material into a solid body of work, but even allowing for some lesser works, the sheer quality of this quantity of posters is incredible. And what a model of excellence these posters are for all to see—maybe even someone in Hollywood, USA. Some day maybe, they'll catch up with Cuban film posters.

Steven Heller is the co-chair of the MFA Designer As Author program at the School of Visual Arts in New York, and the author, editor, or co-author of over 130 books on design and popular culture.

una estadounidense
en la
habana:
familiarizarse
con el
diseño
gráfico
cubano
CAROLE GOODMAN

an american
in havana:
becoming
acquainted
with
cuban
graphic
design
CAROLE GOODMAN

EL ICAIC, INSTITUTO CUBANO DEL ARTE E Industria Cinematográficos, se formó después de la revolución en 1959. Se encuentra ubicado en el barrio de Vedado de La Habana y alberga una extraordinaria colección de más de 1,500 carteles originales impresos en serigrafía para la promoción de las películas que se han exhibido en el Instituto desde 1960. Desde la revolución, todas las películas, ya sean cubanas o internacionales, que se han estrenado en Cuba han contado con un cartel diseñado especialmente para su promoción en todo el país. La consolidada colección de carteles que los estudios de cine, estadounidenses o europeos, han producido para el estreno de sus películas, ha sido sistemáticamente ignorada en Cuba, debido al embargo o por decreto. Así, los diseñadores cubanos han recibido el encargo de diseñar carteles originales para cada película. Esta valiosa colección no tiene paralelo en la historia del diseño gráfico de Cuba.

Originalmente los carteles se mostraban en toda La Habana cuando se exhibía una película. Aún cuando con el paso del tiempo los anuncios comerciales han desaparecido prácticamente de la circulación, se han continuando diseñando carteles bajo los auspicios del ICAIC. Los diseñadores de estos carteles gozan de reconocimiento como artistas visuales y sus creaciones son consideradas grandes obras de arte que definen la cultura cubana en términos de expresión, materiales, tecnología y sostenibilidad, lo que ha contribuido a mantener viva la tradición del cartel de cine.

Los diseñadores cubanos tienen muchas similitudes con los primeros diseñadores europeos de cartel de finales del siglo diecinueve y principios del veinte. Cuando el cartel cobró popularidad como medio de expresión, artistas europeos reconocidos como Jules Chéret, Henri de Toulouse-Lautrec y Alphonse Mucha recibían encargos para diseñar anuncios de óperas, obras de teatro, salones de baile y otros eventos, servicios y productos. El éxito de este despliegue de arte gráfico fue tan grande que la gente se refería a esta muestra de carteles como la galería de arte de la calle (John Barnicoat. *Posters: A Concise History*. Thames and Hudson. Londres. 2003. p.12). El

THE INSTITUTO CUBANO DEL ARTE E INDUSTRIA CINEMATOGRÁFICOS (ICAIC) is the Cuban Institute of Cinema Art and Industry. Formed after the Revolution in 1959, it is located in the *Vedado* neighborhood of Havana and houses an extraordinary collection of 1,500-plus original silk-screened posters advertising movies that have been shown at the Institute since 1960. Since the Revolution, every domestic and international film shown in Cuba has had a new poster designed uniquely for promoting the film throughout the country. The well-established poster assortment created by the releasing film studios, whether American or European, has been systematically ignored by choice or through the embargo, and Cuban graphic designers have been directed to design original posters to advertise each film. This rich collection reflects a unique history of graphic design in post-Revolution Cuba.

Originally, posters were displayed throughout Havana to accompany the showing of a movie. Even though commercial advertising virtually disappeared over time, these posters continued to be designed under the auspices of ICAIC. The graphic designers of these posters are revered as fine artists creating masterpieces that define Cuban culture in terms of expression, materials, technology, and sustainability, and the tradition of poster design is still continuously cultivated.

Cuban designers are much like Europe's first poster designers in the late nineteenth and early twentieth centuries. At the birth of the poster medium's popularity, respected European painters such as Jules Chéret, Henri de Toulouse-Lautrec, and Alphonse Mucha were hired to create public advertisements for operas, plays, and dance halls, among other events, services, and products. The success of this public display of promotion and advertising was so great that these poster displays came to be known as the art gallery of the street (John Barnicoat. *Posters: A Concise History*. Thames and Hudson. London. 2003. p.12). The public admired

público admiraba estos carteles de la misma forma en que admiraba los cuadros de un museo.

A mediados del siglo veinte, a medida que el diseño gráfico se iba consolidando como una profesión, empezó a crearse una división entre artistas visuales y comerciales. Los diseñadores gráficos iban a la escuela concretamente a estudiar el arte de la comunicación visual a través del uso de las imágenes y la tipografía, a diferencia de los que estudiaban Bellas Artes. Los artistas comerciales empezaron a tener demanda por sus habilidades para transmitir visualmente el mensaje de una compañía a un público determinado. A medida que la comunicación de masas se introdujo en todos los ámbitos de la sociedad, la promoción de productos y servicios opacó la identidad del diseñador. Los diseñadores se convirtieron en una entidad invisible y su trabajo ya no era valorado como antes.

Afortunadamente, los diseñadores cubanos han seguido disfrutando a través de los años de una admiración y respeto constantes por su visión, interpretación de contenidos y utilización de materiales a la hora de comunicar un mensaje. Gracias al asombroso trabajo de los diseñadores, cada cartel logra expresar el tema de una película a través de una interpretación visual única y exuberante colorido. Estos carteles, de una gran riqueza y atractivo visual, anuncian películas de varios países como por ejemplo: *Soy Cuba* de la Unión Soviética y Cuba, *Muerte al invisible* de Japón, y *Julieta de los espíritus* de Italia. La tipografía y composición del conjunto de estos carteles es única dentro del diseño gráfico. Los carteles más antiguos son de una gran frescura y tan modernos como el diseño gráfico contemporáneo.

La comparación entre los carteles estadounidenses y cubanos de *Julieta de los espíritus* (ver figura 1) nos muestra cuán espectacular es verdaderamente el cartel cubano. Esta película describe la tristeza de una mujer que cree que su esposo está teniendo una aventura amorosa. Ella desearía ser como su coqueta vecina que entretiene a los señores en su casita del árbol.

El cartel americano presenta un fotograma gigante de la película que muestra a los actores, el vestuario y la escenografía de la película pero no logra comunicar su tema central. El cartel cubano, por otra parte, es una interpretación muy bella del tema de la película en la que aparece la ilustración en color de la cabeza de la mujer enmarcada entre pétalos de fuerte colorido en rojo, rosa y amarillo. La ilustración inmediatamente alude a la cualidad surrealista de la película. La flor como marco es una metáfora de la timidez y femineidad del personaje central. Los pétalos en rojo chillón sugieren un lado más salvaje de su sexualidad con el cual ella fantasea. Las plumas simbolizan su admiración por su vecina, que socializa en medio de la naturaleza (en su casita del árbol) y que suele llevar boas de plumas. Las letras que aparecen sobre su cara le dan un carácter anónimo.

the artistry of these pieces of commercial communication as they would a fine painting in a museum.

As graphic design took shape as its own singular profession by the mid-twentieth century, a divide occurred between fine and commercial artists. Designers went to school specifically to study the art of visual communication using images and typography, which became a separate course of study from studio art. Commercial artists were suddenly sought out for their unique skills with visually translating a company's message to a specific audience. As mass communication quickly permeated every aspect of society, the promotion of products and services superseded the designer's identity. Consequently, designers became an invisible entity, and their work was no longer elevated to the same degree.

Fortunately, Cuban designers have always been consistently respected, admired, and known by name for their vision, interpretation of content, and use of materials in communicating a message. As a result of the designer's hard work, each poster they create expresses a film's theme through unique visual interpretation and is lush with color. These visually rich and engaging posters advertise movies from a variety of countries—examples include *Muerte al invisible (Death to the Invisible)* from Japan, *Julieta de los espíritus (Juliet of the Spirits)* from Italy, and *Soy cuba (I Am Cuba)* from the Soviet Union and Cuba. As a collection, the typography and layout of these posters are unequaled in graphic design. The oldest posters are startlingly fresh and just as modern as contemporary print work.

A comparison of the American and Cuban film posters for *Juliet of the Spirits/Julieta de los espíritus* (fig. 1) shows how spectacular Cuban cinema posters truly are. This movie depicts the sadness of a woman who believes her husband is having an affair. She desires to be more like her flirtatious neighbor, who entertains gentlemen in a tree house.

The American poster shows a large photographic movie still that doesn't communicate the overall theme of the

figura 1. Arriba: Cartel americano para la película *Giulietta de los espíritus*. Abajo: versión cubana.

figure 1. American movie poster for *Juliet of the Spirits*, top. Cuban version, bottom.

 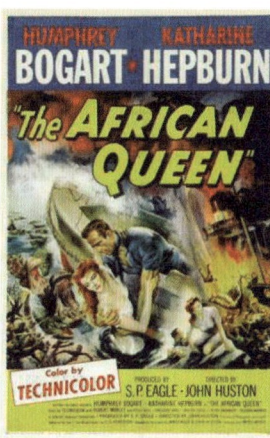 

figura 2. Carteles de películas con un estilo diferente al utilizado tras la revolución: México, 1950; Estados Unidos, 1951, Cuba, 1954.

figure 2. Movie posters from before the Revolution (from left): Mexico, 1950; United States, 1951; Cuba, 1954.

Antes de la revolución cubana el estilo visual y el método de comunicación utilizados en el diseño de los carteles eran similares a los utilizados en Estados Unidos y México. Estos carteles con frecuencia incluían imágenes fotográficas de alguna escena o composiciones que incorporaban viñetas de la película, así como caracteres en negrita escritos a mano. En los ejemplos de carteles que aquí aparecen abundan las alusiones a las escenas clave de la historia. Las estrellas de la película ocupan un lugar central, mientras que las imágenes que aluden al argumento aparecen en menor escala y estratégicamente colocadas dentro de la composición. El objetivo de estos carteles era que el transeúnte se detuviera a examinar los innumerables detalles de la composición. El cartel estaba diseñado de tal forma que la mirada del espectador se posara primero en la parte superior izquierda, fuese paseando hacia la derecha, bajara por la parte central a la parte inferior izquierda y terminara posándose en la parte inferior derecha (figura 2).

Después de la revolución y el conflicto con Estados Unidos, los artistas cubanos en las áreas de la interpretación y las artes visuales fueron a estudiar a Rusia y Polonia. Entre algunos de los maestros y estudiantes de diseño gráfico estaban Henryk Tomaszewski, Roman Cieslewicz y Jan Mlodozeniec. A partir de entonces, el diseño gráfico viró hacia una utilización más simbólica de la imagen y composiciones más gráficas (figura 3). Había menos elementos en la composición. Los espacios que rodeaban la imagen y el texto hacían que el espectador concentrara su atención en la imagen y su significado. El espectador, lejos de irse habiendo entendido el argumento de una película, se iba con una imagen intrigante que hacía referencia a un elemento expresivo de la película. Ante la escasez de fondos y materiales gráficos, los diseñadores se volvieron más ingeniosos y creativos. Empezaron a tomar sus propias fotografías, a crear sus propias

film, but shows the stars, costuming, and staging. The Cuban poster, on the other hand, is a beautiful interpretation of the movie's theme through its use of a colorful illustration of a woman's head framed in bright red, pink, and yellow flower petals. This illustration promptly alludes to the surreal quality of the movie. The flower as a frame is a metaphor for the main character's timidity and femininity. The garish red petals suggest a wilder side of her sexuality of which she fantasizes. It also symbolizes her admiration for her neighbor, who socializes in nature—her tree house—and who also wears feather boas. The type placed over her face makes her anonymous.

Before the Revolution, most Cuban film poster design was similar in visual style and utilized methods of communication comparable to the United States and Mexico. These posters typically included illustrative photographic imagery, compositions incorporating vignettes from the film, and bold, hand-lettered typography. In the examples shown above (fig. 2), each poster is teeming with detail, communicating the key scenes from the movie's story line. The stars of the film are prominently placed, while the details of the plot are scaled down and strategically placed throughout the composition. The goal of these posters was to stop the passerby and have them spend time investigating the poster's numerous details, with the composition allowing the viewer's eyes to roam from the top left to the top right, down through the central area towards the bottom left, and ending at the bottom right.

After the Revolution and the resulting conflict with the U.S., Cuban artists in all areas of the performing and visual arts went to Russia and Poland to study. Fellow design students and teachers

ilustraciones y a utilizar la tipografía como imagen. La tipografía iba desde la letra en negrita tipo comercial hasta un tipo de letra personalizada, además de mezclar las tradicionales fuentes *serif* y *sans-serif* en el mismo cartel. La tipografía era utilizada de maneras muy diversas: para resaltar el título y nombre de los actores en negritas hasta como elemento esencial de la composición. A pesar de tener menor profusión de detalles, estos carteles logran permanecer en la memoria del espectador mucho tiempo después de vistos.

En Cuba, la serigrafía se ha convertido en sello distintivo de expresión y el cartel en su medio de expresión por excelencia. La escasez de tecnologías digitales de punta no ha ido en detrimento de la comunicación masiva. Desde principios de los años sesenta hasta el día de hoy todos los carteles de cine cubanos se han hecho con el mismo método de estampación: serigrafiados con plantillas confeccionadas a mano que requieren un trabajo minucioso (en Cuba los productos químicos no se consiguen fácilmente). Algunos carteles requieren hasta doce pantallas dependiendo del número de colores que se utilice. Debido a la escasez de recursos en Cuba, el papel sobre el que se imprimen los carteles es extremadamente delgado y delicado y las tintas son perecederas. Desafortunadamente, esta colección corre el riesgo de desintegrarse en un tiempo excesivamente corto puesto que el ICAIC, en donde se encuentran archivados, no puede costear el equipo, los materiales y el trabajo necesarios para su preservación.

mi primer contacto con el diseño gráfico cubano
Fue durante el verano de 2006, al participar en una exposición de carteles digitales diseñados por seis diseñadores gráficos de Estados Unidos y seis de Cuba titulada *Sueños compartidos*, cuando me di cuenta de la importancia de los carteles de cine cubanos impresos en serigrafía. Patrocinado por las asociaciones de diseño gráfico AIGA e ICOGRADA, el objetivo del proyecto era el intercambio de ideas sobre la paz y la amistad a través del diseño gráfico, en concreto a través del cartel, (de especial importancia en Cuba). El contenido de estos carteles estaba influenciado por el discurso de los diseñadores gráficos durante el foro de discusión que habían mantenido en Internet durante varios meses. El objetivo de *Sueños compartidos* era permitir a los diseñadores trascender las fronteras geográficas y políticas, y expresar su preocupaciones a través del arte y el diseño, fuera del marco empresarial o gubernamental. Una vez que los carteles estuvieron diseñados e impresos, los diseñadores estadounidenses volaron a La Habana para un encuentro con sus homólogos cubanos.

Todos los carteles se imprimieron en un formato digital extra grande en Estados Unidos y se exhibieron en un museo situado en el famoso Malecón de La Habana. Desde

included Henryk Tomaszewski, Roman Cieślewicz, and Jan Mlodozeniec. The work that resulted shifted towards symbolic imagery and bold, graphic compositions (fig. 3). There were fewer elements on the page. The white space surrounding the image and type allowed the viewer to focus on the art and its meaning. Rather than the viewer understanding the plot line of a movie, one walked away with an intriguing image that referenced a single expressive element of the film. Cuban designers became more resourceful in the face of dwindling funds and materials by shooting their own photographs, drawing their own illustrations, and utilizing typography as imagery. Typography strayed from bold, commercial-style script to personalized lettering, along with mixing traditional serif and sans serif typefaces together on the same poster. Type also shifted from posing as bold labels for the film title and actors to being meaningful compositional elements. Although they contain less detail, these posters remain in the mind's eye long after they have been viewed.

In Cuba, silk screen has become a hallmark of expression and the poster its favorite medium; lack of the latest digital technology has not been a deterrent in mass communication. Since the beginning of the 1960s through today, all Cuban cinema posters have been printed in the same manner: They are silk screened with screens that are individually and painstakingly cut by hand (photo chemicals are not readily available in Cuba), with some posters requiring up to 12 screens, depending on how many colors are necessary to print the piece. Because financial resources are limited, the paper on which the posters are printed is extremely thin and delicate, and the inks are perishable. Sadly, this special collection of film posters is in peril of disintegrating within an extremely short time frame because ICAIC, which houses them, cannot afford the equipment, materials, and labor necessary for preserving them.

becoming acquainted with cuban graphic design
During the summer of 2006, I became aware of the importance of Cuban film posters when I participated in an exhibition of posters designed by six American and six Cuban graphic designers called *Shared Dreams*. Sponsored by AIGA (formerly known as the American Institute of Graphic Artists) and the International Council of Graphic Design Associations (ICOGRADA), the goal of the poster project was to exchange ideas on peace and friendship through graphic design via the format of the poster. The content of these posters was influenced by the discourse

entonces la exposición ha viajado por todo Estados Unidos, México y Canadá.

Durante mi estancia en La Habana, pude observar cómo los diseñadores de ambos países estaban maravillados con los recursos tecnológicos utilizados por los diseñadores del otro país. Los cubanos querían aprender sobre el uso de tecnología digital tan extendida en Estados Unidos, mientras los estadounidenses estaban fascinados con la utilización de técnicas tradicionales por parte de sus homólogos cubanos y su ingenio para encontrar soluciones a pesar de la escasez de recursos. Además quedaron absolutamente maravillados con los estupendos carteles de cine en serigrafía que tuvimos la oportunidad de ver en una ocasión gracias a Claudio Sotolongo, mi co-autor en este libro, quien tenía acceso al archivo del ICAIC. Fue una oportunidad

the designers had through an online forum over several months. The objective of this project was to provide a way for people to break through geographic and political barriers and speak about their concerns through design in the absence of any government or corporate influence. After the resulting posters were designed and printed, the American designers flew to Havana to meet their Cuban counterparts.

All of the posters were printed in an extra large digital format in the United States, and were shown in a museum along Havana's famous *Malecón*. The exhibition has since traveled throughout the United States, Mexico, and Canada.

While in Havana, I observed how both the American and Cuban designers were fascinated with each

figura 3. Carteles de cine diseñados después de la revolución cubana. En el sentido de las agujas del reloj, empezando arriba a la izquierda: Jan Mlodozeniec, Polonia, 1966; Henryk Tomaszewski, Polonia, 1966; Raymundo García Parra, Cuba, 1965; Rafael Morante Boyerizo, Cuba, 1962.

figure 3. Movie posters designed after the Cuban revolution, clockwise from top left:
Jan Mlodozeniec, Poland, 1966; Henryk Tomaszewski, Poland, 1966; Raymundo García Parra, Cuba, 1965; and Rafael Morante Boyerizo, Cuba, 1962.

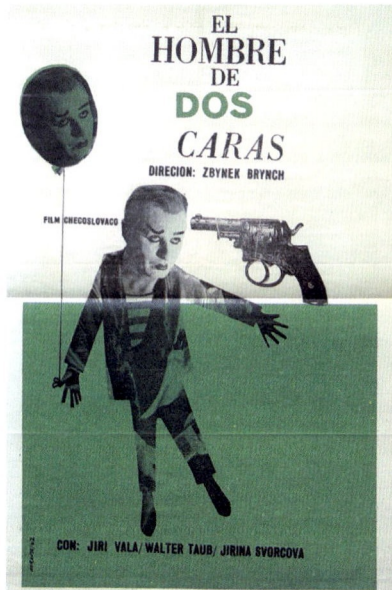

única en la que los diseñadores estadounidenses pudieron contemplar parte de la colección de carteles cubanos.

Después de pasar el día en el ICAIC, absorbiendo las composiciones, la tipografía, las imágenes y los colores de estos maravillosos carteles, me di cuenta de que esta increíble colección llenaba un importante vacío de la historia del diseño gráfico y que el público, especialmente fuera de Cuba, tenía que tener la oportunidad de apreciar esta valiosa obra, que hasta entonces había sido ignorada por las mismas razones que han mantenido a Cuba relativamente aislada del resto del mundo.

Cuba es, indiscutiblemente, una cultura típicamente sostenible en términos de la utilización, reciclaje y reutilización de todo tipo de materiales, y de su habilidad para encontrar nuevas e ingeniosas maneras de utilizar artículos que la mayoría de los occidentales simplemente desecharían. En una ocasión fui a una exposición de proyectos de estudiantes de diseño gráfico en el Instituto Superior de Diseño de La Habana, en donde Claudio es profesor. Se mostraba el trabajo que los alumnos habían realizado el último año. Tuve oportunidad de examinar los diversos proyectos. El trabajo en las clases del primer curso era especialmente interesante. El curso tiene como objetivo que artistas y diseñadores conozcan los principios y materiales fundamentales del arte y el diseño. El maestro les asignaba un proyecto en dos dimensiones para terminar como un proyecto en tres dimensiones. El material utilizado para el modelo era una espuma densa de color azul que no había visto antes. Le pedí a Claudio que me explicara lo que era y me dijo que los estudiantes peinaban la calle en busca de refrigeradores descompuestos y cuando los encontraban sacaban la espuma aislante de las puertas. Quedé absolutamente maravillada con lo ingenioso de esta propuesta así como con la habilidad de los alumnos para manipular la espuma y crear formas a su antojo.

. . .

Este libro ha necesitado cinco años desde su concepción hasta su publicación. Buena parte del trabajo que lo hizo posible no se aprecia en sus páginas. Claudio supo elegir con gran acierto los carteles más significativos dentro del contexto de la cultura cubana y decidir sobre la manera más correcta y respetuosa de dar a conocer la producción gráfica cubana. Asimismo, ha sido de gran ayuda en mi relación con funcionarios del gobierno cubano, artistas e historiadores. Durante los tres viajes que hice a La Habana para avanzar en la investigación para este libro he pasado tanto tiempo reunida con funcionarios de gobierno como el que he invertido en el propio trabajo de investigación. Había la preocupación por parte de ambos por mostrar el material en el contexto más adecuado. La intervención de Claudio fue fundamental para obtener la autorización del gobierno para la reproducción de estos carteles.

other's technological resources. The Cubans wanted to learn about the Americans' abundance of digital technology, while the Americans were drawn to the Cubans' use of traditional techniques and how ingenious the designers were in the face of fewer resources.

Cuba is arguably a prototypical sustainable culture by utilizing, recycling, and up-cycling multitudes of materials, and finding ingenious and new uses for items most Westerners simply discard. For example, I once attended an exhibition of student graphic design projects at the Superior Institute of Design in Havana, where Claudio Sotolongo is a design professor. Student work from the past year was shown. As I walked through the exhibition, studying the various projects, the work in the foundations class piqued my interest. This course teaches artists and designers the fundamental principles and materials of art and design. The teacher assigned a project that began as a two-dimensional sketch on paper and ended up as a three-dimensional model. The material utilized for the model was a dense, blue foam that I had never seen before. I asked Claudio what it was and he told me that students combed the streets for broken refrigerators and dug out the foam insulation from the doors. I was astounded at how beautifully resourceful this was and how accurately they were able to manipulate the foam into the desired shapes.

It's this skillful and intelligent work ethic that attracted the American designers of the *Shared Dreams* project to the gorgeous silk-screened cinema posters we had the chance to see one day, thanks to Claudio, who had access to the archive at ICAIC. After the day I spent at ICAIC, absorbing the compositions, typography, images, and colors of these incredible posters, I realized immediately that this remarkable collection would fill a void in graphic design scholarship. It would make the public, especially the graphic design community in the U.S. and perhaps other countries outside of Cuba, aware of these important works, which have been neglected for the various reasons that have kept Cuba relatively isolated from the rest of the world.

designers with borders

This book took five years to make from conception to printing. Most of the work involved in bringing this book to fruition does not appear on these pages. Claudio had great insight on which posters were significant in Cuban culture, and how best to appropriately and respectfully represent Cuban graphic design. He was also a tremendous liaison between

Mi experiencia en la consecución de este proyecto me ha demostrado que este libro tiene implicaciones que van más allá del diseño gráfico. Trabajar entre los tres países (Cuba, México y Estados Unidos) presentó muchos retos, pero creo que los esfuerzos han culminado en un libro digno de ser publicado.

Durante mi investigación, no encontré ningún libro que tratase el tema del cartel de cine cubano en profundidad, aunque se pueden encontrar imágenes de algunos carteles en Internet. Hay muchos títulos que cubren otras áreas de la vida y la cultura cubanas, resultado del interés de la gente por Cuba.

La cultura cubana entusiasma a muchos estadounidenses. Un ejemplo de ello es la película *Buena Vista Social Club* (1999), dirigida por Wim Wenders y Ry Cooder que llevó a la pantalla a músicos que habían permanecido en el olvido durante años en un país aislado del mundo. Esta película suscitó un renovado interés y entusiasmo por todo lo cubano. Según las estadísticas de 2004 en www.onecarribean.org, el número de turistas aumentó considerablemente después del estreno de la película y Cuba tiene ahora dos millones de visitantes al año, lo cual demuestra que Cuba es ahora más popular que nunca.

La impactante y singular producción de carteles de cine cubano es un área del diseño gráfico que se desconoce fuera de Cuba. Me siento orgullosa de contribuir con esta investigación y de que este extraordinario tesoro de diseño gráfico pueda darse a conocer a un público amplio. Es un privilegio poder hacer reproducciones de la colección antes de su desintegración.

diseñadores con fronteras
He tenido la suerte de estar en Cuba tres veces (las tres invitada por el gobierno). En 2006, con motivo de mi colaboración en "Sueños compartidos". En 2007, el Museo Nacional de Bellas Artes de La Habana me encargó un cartel para incluir en una exposición titulada *Diversidad cultural*, en la que se exhibían 100 carteles de diseñadores de todo el mundo. *Soy Cuba*, el título de mi cartel, ahora parte de la colección del museo, fue tomado de un famoso documental polaco del mismo título. Para su diseño, hice un collage con traducciones de *Soy Cuba* escritas a mano por personas de distintas nacionalidades en sus propias lenguas. En esa época yo daba clases en el Queens College, parte de la Universidad de Nueva York, y mis clases estaban llenas de estudiantes de todo el mundo. Fue emocionante colaborar con mis estudiantes y poder mostrar la diversidad del corpus de alumnos de Queens College al tiempo que me permitía formar parte de una verdadera experiencia de diversidad cultural. Asimismo, esta oportunidad significó mucho para mí puesto que me permitió compaginar mi vida en Estados Unidos con el cariño y respeto que siento por Cuba.

Cuban government officials, artists, historians, and myself. The three trips I took to Havana to further my research involved as many meetings with government officials as actual design research. There was a mutual concern for placing the content in as accurate a context as possible. Claudio was also instrumental in setting up the channels through which to obtain approval to print the art.

My experience so far in getting this project off the ground has shown that this book has implications beyond the field of graphic design. Working between three countries—Cuba, Mexico, and the United States—has presented many challenges, but I believe these efforts have made this book worthwhile to publish.

Many Americans are especially enthusiastic about Cuban culture. As an example, the *Buena Vista Social Club*, made in 1999 by Wim Wenders and Ry Cooder, took musicians who had been long forgotten in a country shut off from most of the world, and thrust them back into the spotlight. This film sparked a renewed interest and enthusiasm for everything Cuban in the U.S. According to 2004 Cuban tourism statistics (onecarribean.org), tourism boomed after the release of the film, and Cuba now sees about 2 million visitors each year (not including American tourists), proving that Cuba is more popular than ever.

• • •

I am fortunate to have been able to travel to Cuba three times. In 2006, I participated in *Shared Dreams*. In 2007, I was asked by the Museo Nacional Bellas Artes in Havana to create a poster as part of an exhibition called *Cultural Diversity*, which showcased 100 posters by designers from around the world. Now part of the museum's permanent collection, the title of my poster, *Soy Cuba*, is named after the famous documentary on Cuba of the same title. For the design, I collaged together my students' hand-written translations of "I Am Cuba" in their native languages. At the time, I was teaching at Queens College, part of the City University of New York, and my classes were filled with students from around the world. It was exciting to collaborate with my students, showcase the diversity of Queens College's student body, and participate in a living example of cultural diversity. It was also important to me to combine my life in the U.S. with my love and respect for Cuba.

After this book started taking shape, I traveled to Havana in 2009 to comb through ICAIC's archives of gorgeous cinema posters with Claudio in order to edit the selection for this book. Claudio also arranged

En 2009, una vez que este libro empezó a cobrar forma, viajé con Claudio a La Habana para revisar los archivos del ICAIC y elegir los carteles para este libro. Claudio también organizó un encuentro con varios jóvenes realizadores, diseñadores e historiadores para conocer su opinión sobre los carteles de cine cubanos y la importancia de este medio de expresión en Cuba.

Conocí a Claudio en 2006 durante mi primer viaje a La Habana. Es una persona con gran sentido del humor y convicciones claras, y desde el momento en que me mostró el archivo de carteles supe que quería hacer este libro con él. El proceso me ha enseñado mucho más de lo que revelan las páginas de la obra. Aunque Claudio y yo pudimos superar muchos estereotipos y trabar amistad, trabajar juntos inevitablemente significó enfrentarse a una serie de obstáculos o "fronteras", resultantes tanto de factores tecnológicos, económicos, políticos y culturales, como de divergencias en cuanto a nuestras propias convicciones.

La tecnología planteó una serie de obstáculos. Los servicios de teléfono e Internet son difíciles de conseguir en Cuba, sin contar con que el costo de las llamadas es prohibitivo. La mayoría de los cubanos no tiene Internet, a menos que se conecten manualmente a través de un módem que tarda mucho tiempo en enlazarse y no cuenta con la capacidad para descargar documentos adjuntos. Así, algo indispensable en nuestra investigación, resultaba imposible. En aquellas ocasiones en que necesitaba recibir *pdfs* u otros documentos, Claudio utilizaba la conexión más rápida a Internet de la universidad donde trabaja, generalmente reservada a instituciones gubernamentales y hoteles.

Trabajábamos con *hardware* y *software* muy distintos para escribir, diseñar y comunicar contenidos, lo cual representó un enorme reto a la hora de colaborar juntos en el diseño del libro.

Las diferencias económicas también fueron un factor importante en nuestra colaboración. Por ejemplo, durante una visita mía a La Habana hablamos sobre el proceso de publicación, incluido el papel del editor en el contenido o diseño del libro. Me tomó por loca, opinaba que como autores y diseñadores, tendríamos que tener absoluto control del proyecto. Por un momento me sorprendió que no pudiera entender que un editor invierte mucho dinero para imprimir y distribuir el libro, y a cambio quiere asegurarse de que el libro se venderá para recuperar gastos. Después de escuchar mis argumentos decidió que yo no era una verdadera artista, y supongo que tiene razón, ya que diseño cosas comerciales que no se consideran obras de arte. Ésta era una de las principales diferencias entre nosotros y los sistemas económicos tan distintos de nuestros países.

Debido a la pésima relación entre Estados Unidos y Cuba, el viaje resulta caro (cerca de seis mil pesos mexicanos el viaje redondo por un vuelo de 45 minutos

for us to meet with several young filmmakers, designers, and historians to discuss their experiences and points of view on the importance of the poster medium to Cuba.

I met Claudio during my first trip to Havana. He has a great sense of humor and strong opinions, and I knew as soon as he showed me the poster archive that I wanted to collaborate on this book with him. Even though Claudio and I were able to break many stereotypes and become friends, working together has brought its own intriguing set of obstacles or "borders," which have been influenced by technology, economics, politics, culture, and personal beliefs.

Technology presented big obstacles. Phone and Internet service can be hard to come by in Cuba, not to mention that it is cost-prohibitive to communicate by telephone. Most Cubans do not even have Internet service. If they do, it is most likely through a dial-up modem, which takes a long time to work and cannot download most of today's web sites or handle the large attachments necessary in our research. In instances when I needed to send an electronic document, Claudio would use the Internet at the university where he teaches, which has a slightly higher speed connection—something reserved for government institutions and hotels.

We also both used very different kinds of hardware and software to write, design, and communicate, which was also a huge challenge in collaborating on the design of the book.

Different economic views also played a role in our collaboration. On one visit, I discussed the book publishing process, including the input a publisher might want on the content or design of our book. He thought that was crazy: As authors and designers, we should have complete control over our project. For a moment, I was amazed that he did not understand that a publisher puts up a lot of money to print and distribute a book. In return, they want to ensure that the book would sell many copies, so they could recoup their costs. After hearing my explanation, he felt that I was not a real artist, which I suppose I am not as a designer of things that are mostly commercial and not considered fine art in my culture. Here was one of the principal differences between us—our countries' fundamentally distinct economic systems.

Because of the terrible relationship between the U.S. and Cuba, traveling to Cuba is expensive for an American. Conversely, it is next to impossible for Claudio to visit the U.S. because he needs to find a sponsor who will pay for his entire trip, including flight, lodging, meals, and related expenses. Once

desde Miami). Por tanto, era casi imposible que Claudio viniese a Estados Unidos pues necesitaba que alguien financiara su viaje, incluyendo vuelo, alojamiento, comidas y otros gastos. Además, se requiere la autorización de Cuba y posteriormente la de Estados Unidos. En una ocasión invité a un conocido artista cubano a dar una charla en mi universidad y recibió un comunicado en un formato estándar negándole la entrada porque lo consideraban un peligro para la seguridad nacional.

Después de concebir la propuesta, la envié a una serie de editores en Estados Unidos. Aunque suscitó mucho interés, todos la rechazaron. Un editor incluso llegó a decirme que no podía publicar a un autor cubano. Llegué a pensar que el libro nunca se editaría hasta que mi cuñada, que vive en México, mencionó que un amigo suyo había publicado un libro con Trilce Ediciones. Le envié mi propuesta a mi hermana y a Santiago mi cuñado, y consideraron que valía la pena. Santiago la presentó a Trilce y les interesó. México tiene una buena relación con Cuba, con lo cual publicar el libro en la ciudad de México facilita las cosas. Afortunadamente, es posible enviar copias de este libro tanto a Cuba como a Estados Unidos.

También tuvimos que sortear otras cuantas dificultades. Por ejemplo, durante mi tercera vista a La Habana, Claudio y yo decidimos reducir la edición de los carteles de 1500 a 500. No podíamos trabajar en su casa porque necesitábamos Internet y él sólo podía acceder vía módem. Decidimos trabajar en el hotel en el que yo me alojaba pues tenía acceso a Internet. No tuvimos más remedio que trabajar en el lobby pues los cubanos tienen prohibida la entrada a las habitaciones de cualquier hotel. Ahí, entre picaduras de insectos y mientras observaba a los alegres y ruidosos turistas pasar, disfruté de varios mojitos mientras trabajábamos.

Puesto que tanto Claudio como yo tenemos diferentes opiniones en cuestiones que van del diseño hasta en nuestras lecturas, era inevitable que tuviésemos conflictos. Cuando esto sucedía defendíamos nuestro punto de vista hasta que, en nombre de la amistad, yo me disculpaba y trataba de suavizar las cosas. Claudio siempre aceptaba mis disculpas pero nunca hablaba de su contribución a nuestros debates. A partir de entonces entendí por qué mucha gente considera que los americanos somos demasiado conciliadores y que una discusión es lo que es: un debate entre dos puntos de vista distintos. No hay necesidad de pedir disculpas.

Nuestras creencias personales también matizaron nuestra colaboración. Ambos tenemos nuestras propias preferencias visuales y conocimientos. Asimismo, tenemos nuestros rasgos individuales de personalidad. En ocasiones era difícil saber si estabas hiriendo los sentimientos del otro o si una crítica respecto al diseño del libro era realmente constructiva o era solamente por el afán de criticar.

Cuba gives its approval, then the U.S. also needs to approve the application, which is extremely rare. I once invited a widely-known Cuban artist to speak at my university, and he was sent a form letter from the U.S. that said he was a danger to security and could not enter the country under any circumstance.

After the proposal for this book was created, I sent it out to a variety of American publishers. While there was a lot of interest, I received rejections from every one of them. Out of curiosity, a few publishers asked me how I thought they could pay a Cuban author. I began thinking that the book would never happen until my sister-in-law, who lives in Mexico, mentioned that her friend once published a book with Trilce Ediciones. I sent the proposal to my sister-in-law and brother-in-law, Santiago, and they thought it had merit. Santiago presented my proposal to Trilce, and they were interested. Mexico has a good relationship with Cuba, so it is easier logistically to publish the book in Mexico City and meet the expectations of all parties in Cuba and the U.S.

Claudio and I ran into a few other challenges. For example, during my third visit to Havana, Claudio and I wanted to edit the posters down from about 1,500 to 500 for consideration. We couldn't really work at his house because we needed to use the Internet and he only had a dial-up modem. The hotel where I was staying had Internet access, so we worked there. We were relegated to the lobby because Cubans are forbidden to enter any hotel room. Sitting in that lobby—being bitten by bugs and watching happy, noisy tourists strolling around— we enjoyed many mojitos while we worked.

During this process, our cultural values clashed at times. With Claudio and I both having our own strong opinions on every topic from design to literature, he and I had a few disagreements. We would both argue our side until, in the name of friendship, I would apologize and try to smooth things out. Claudio always accepted my apologies but never spoke of how he may have contributed to our disagreements. I was hurt by this until another Cuban friend informed me that Cubans believe Americans are too apologetic and that an argument exists for what it is, which is a debate, so there is no need to apologize.

Our personal beliefs also colored our collaboration. He and I have our individual visual styles and skill sets. We also have our own unique personality traits. At times, it was confusing as to when a response to someone's hurt feelings or a critique of the book was constructive or just plain critical. Were these responses due to a personality trait or cultural influence?

Resultaba complicado saber si una reacción determinada provenía de un rasgo específico de la personalidad del otro o era producto de las influencias culturales.

El proceso de elaboración del libro ha sido una experiencia profundamente reveladora. Me siento orgullosa de haber participado en este proyecto intercultural de colaboración. El proceso me ha ayudado a entender mejor la cultura cubana y desde luego ha hecho que me enfrente a mis propios prejuicios y cuestionarlos. Finalmente, creo que esta experiencia me ha ayudado a ser mejor diseñadora gráfica y mejor educadora de esta disciplina. Ha influido en mi manera de enseñar el diseño gráfico pues me ha hecho más consciente de las diferencias culturales y me ha ayudado a entenderlas, incorporándolas incluso a mi práctica docente. Asimismo mis viajes y mi trabajo en Cuba me han brindado oportunidades estupendas en el campo del diseño gráfico. A través de esta colaboración entre ambos hemos llegado a comprender el concepto "Sueños compartidos", título del proyecto que nos llevó a unir esfuerzos en La Habana hace cinco años.

. . .

Nota: Para la investigación, redacción y diseño de este libro resultaron fundamentales las voces de los críticos de arte cubanos, de los académicos y de los diseñadores. Por eso me siento agradecida con Flor de Lis López Hernández, con Sara Vega Miche y con Nelson Ponce Sánchez, quienes contribuyeron con sus conocimientos y puntos de vista sobre la cultura cubana y el diseño. Si bien era imposible traducir sus ensayos palabra por palabra al inglés —fueron escritos originalmente en español e incluyen muchas expresiones locales— no se escatimaron esfuerzos para preservar la esencia de sus palabras y transmitir sus ideas con la mayor fidelidad posible. Espero que sus voces sirvan para abrir una rendija en una puerta que antes se había mantenido fuertemente cerrada. Creo que en estas páginas puede apreciarse que el diseño cubano es osado e inteligente, y que los diseñadores de la isla son artistas apasionados que se plantean preguntas universales.

Los carteles de cine cubanos son únicos y sorprendentes, y han sido totalmente pasados por alto por el diseño gráfico fuera de la isla. Me siento orgullosa de presentar este tesoro extraordinario a un público más amplio. Es un privilegio para mí contribuir a preservar esta colección en formato impreso antes de que se convierta en polvo.

Creating the book has been a profoundly illuminating experience. I am proud to have participated in this ultimate of cross-cultural collaborative projects and have unending respect for Claudio's talents and knowledge. This process has broadened my understanding of Cuban culture and people, and has made me face and question my own biases. It impacted the way I understand and teach graphic design. My travels and work in Cuba have also brought me many wonderful design opportunities. In collaborating with Claudio on this book, we have realized the concept of the *Shared Dreams* project that originally brought us together in Havana five years ago.

. . .

Please note: In researching, writing, and designing this book, it became important to me that the voices of Cuban art critics, scholars, and designers were heard, so I am honored that Flor de Lis López Hernandez, Sara Vega Miche, and Nelson Ponce Sanchez agreed to contribute their knowledge and viewpoints of Cuban culture and design. While it was impossible to translate their essays word-for-word in English—they were originally written in Spanish, including many phrases specific to Cuba—every effort was made to preserve the essence of their writing and to represent their original voices as accurately as possible. I hope their words will crack open the door between two places that has previously been kept tightly shut. I think you will see that Cuban design is bold and smart, and the designers are passionate artists with universal inquiries.

The unique and striking cinema posters of Cuba are an entirely overlooked area of graphic design outside of Cuba. I am proud to be able to introduce this extraordinary graphic design treasury to a wider public. It is a privilege to preserve the collection in print form before it simply crumbles into dust.

introducción
CLAUDIO SOTOLONGO

introduction
CLAUDIO SOTOLONGO

DE LA PRODUCCIÓN MATERIAL DE CUALQUIER sociedad posindustrial, la que corresponde al diseño de comunicación visual ofrece una de las cartografías más completas de cada momento histórico. La naturaleza efímera del diseño de comunicación visual y su carácter inmediato lo convierten en eco de las diversas expresiones de cualquier periodo debido a que recoge las tendencias artísticas más renovadoras y las manifestaciones más típicas de la sociedad.

Aunque sólo en conjunto las piezas de diseño gráfico permiten apreciar el ambiente estético, las posiciones políticas predominantes o las preferencias culturales de un pueblo —pues son reflejo de las tensiones sociales y de los momentos de crisis y de esplendor, de abundancia y de escasez— hay algunas piezas que permanecen en la memoria por el impacto que tuvieron en una sociedad.

Muchos cubanos de mi generación, diseñadores y otros profesionistas, recordamos, gracias al diseño gráfico, los Juegos Panamericanos que se celebraron en La Habana en 1991 o la campaña a favor del regreso de Elián González, que ocurrió entre el verano de 1998 y el invierno de 1999.

Mi primer recuerdo asociado al diseño gráfico y al cartel en particular fue la exposición *Diseño de fin de siglo*, que abrió sus puertas en 1999 en el Centro de Arte Contemporáneo Wifredo Lam, curada por Pepe Menéndez, en la que presentó su obra un equipo de diseñadores, "todos estrellas". Recuerdo vívidamente la impresión que me causó una pared cubierta con carteles que se elevaba desde el suelo hasta los casi cinco metros de altura de uno de los espacios donde se presentaba la exposición. En el resto de las salas se mostraban portadas de discos, páginas interiores de revistas, imágenes corporativas de diversas empresas, etcétera. Aquella impactante y abrumadora cantidad de carteles fue para mí, a mis 17 años de entonces, una experiencia única.

Desde 1999, en La Habana se han realizado más de una veintena de exposiciones relacionadas con el cartel, lo cual se ha convertido más en una norma que en una excepción.

En los últimos diez años el cartel ha desaparecido del paisaje urbano y se ha trasladado a las galerías, ya en exposiciones temáticas, ya personales, o con el pretexto de

A CULTURE IS DOCUMENTED THROUGH ITS MATERIAL PRODUCTION. As the culture shifts, this material evidence remains as the only means of reconstructing its past. Out of all the material production of any post-industrial society, visual communication provides one of the most accurate cartographies of a specific era. Because of its ephemeral and immediate nature, graphic design echoes the different visual articulations of any period in time.

The overall graphic production of a society allows us to understand its aesthetic values, political conditionings, and cultural preferences. It is a reflection of their social tensions, moments of crisis and splendor, and times of plenty and scarcity. Through graphic design, many Cubans of my generation, whether graphic designers or otherwise, remember the Pan American Games celebrated in Havana in 1991 or the campaign to bring Elián González back from Florida to Cuba, which took place between the summer of 1998 and the winter of 1999.

My first memory related to graphic design, and to posters in particular, is the exhibition *Diseño de fin de siglo (Design at the End of the Century)*, which opened in 1999 at the Wifredo Lam Contemporary Art Center under the curatorship of Pepe Menéndez, with an all-star team of graphic designers exhibiting their work. I remember I was strongly impressed by a poster-covered wall rising five meters from the floor in one of the halls of this cultural center. The other rooms exhibited album covers, magazine pages, and companies' visual identities, but it was the striking and overwhelming quantity of posters that seemed unique—I was 17 at the time.

Since 1999, more than 20 exhibitions connected with poster design have opened in Havana, and posters are now commonly part of the permanent collections of art galleries and museums. Today, poster-specific shows are the rule rather than the exception, whether in thematic or personal exhibitions or as evidence of a contest that has been held. While this shift has favored the promotion of both

ICAIC

ICAIC

un concurso. Además de que este desplazamiento ha favorecido la promoción tanto de los diseñadores como del diseño de carteles, ha permitido también ocupar espacios tradicionalmente dedicados a otras expresiones visuales y ha contribuido a reivindicar esta manifestación gráfica.

Durante los primeros años de la Revolución cubana el cartel se convirtió en el medio más eficiente para la difusión de la información política. Se cuentan por miles los carteles diseñados y reproducidos para anunciar, convocar y persuadir a la gente sobre la autenticidad de la propuesta socialista. Sin embargo, el conjunto más sólido y de mayor calidad lo conforma el cartel de cine, en el cual se aprecia la herencia de lo mejor de las artes visuales en una exitosa mezcla con la cultura popular gracias al talento y a la imaginación que desplegaron los diseñadores para combinar elementos de diversas procedencias.

El Instituto Cubano de Arte e Industria Cinematográficos (ICAIC) comenzó a producir carteles en 1960, el primero de los cuales anunció, impreso en offset, el estreno del filme cubano *Historias de la Revolución* (1960). Un año después, el ICAIC comenzó a imprimir sus carteles en unos pequeños talleres situados en el barrio habanero conocido como la Corea. Esta decisión le daría un sello excepcional al cartel cubano de cine, pues las características particulares de la impresión en el taller de la Corea convirtieron cada afiche en una pieza única.

graphic designers and poster design by showing posters in spaces traditionally devoted to other forms of visual expression (thus contributing to a reappraisal of poster design from the point of view of the visual arts), posters have disappeared for good from public spaces. The overwhelming popularization of TV and other media of wider impact has increased the risk of extinction of a tradition unique to Cuba.

But it was not always so. In the early years of the Cuban Revolution, posters were the most efficient means for spreading information. Thousands of posters were designed and reproduced with different printing techniques to advertise, announce, and persuade. Among them, film posters have long enjoyed a reputation for being the most finely designed. They are a successful combination of the best of our visual arts and popular culture, thanks to the Cuban graphic designers' talent and imagination in bringing together apparently unrelated elements into film poster design.

ICAIC started producing posters in 1960. The first posters were off-set printed for the opening of the Cuban film *Historias de la revolución* (*Stories of the Revolution,* 1960). Just one year later, for a

Una tienda de serigrafía en el Centro Habana produce carteles de cine para el ICAIC. Toda la producción y la impresión se sigue haciendo a mano.

A silk screen shop in Central Havana produces film posters for ICAIC. All production and printing is still done by hand.

Los carteles del ICAIC lograron, en su mayoría, y casi siempre sin proponérselo, permanecer en la memoria de la gente. La claridad de sus mensajes, que prescinden de obviedades narrativas y de construcciones determinadas por las necesidades del comercio, permitió a los diseñadores asumir riesgos comunicativos y, en algunos casos, incluso, rozar la frontera con la obra puramente artística.

Es abrumadora la diversidad de aproximaciones estéticas que se encuentra en estos carteles, en su mayoría producidos para promocionar filmes extranjeros y para promover diversas muestras u homenajes cinematográficos.

El cartel del ICAIC siempre es una sugerencia, un llamado de atención o un guiño al espectador acerca de la proyección de un filme. Cada vez que nos detenemos a observar uno de estos afiches, lo incorporamos a una experiencia personal, pues la mayoría de las ocasiones que citemos un filme en el futuro lo referiremos a un cartel.

Los diseñadores vinculados al ICAIC sumaron una producción de más de 1,700 diseños originales, reproducidos sobre papel en tirajes que iban de 100 a 300 ejemplares, dependiendo de las exigencias de la exhibición. Del conjunto de los diseñadores que realizaron carteles entre 1961 y 1979 destacan, por la calidad y por el volumen de su producción, René Azcuy, Antonio Fernández Reboiro, Antonio Pérez, Eduardo Muñoz Bachs y Alfredo Rostgaard.

En la obra de estos artistas se delinea un conjunto de estilos que caracterizan a cada autor y que se reflejan en sus carteles. Por ejemplo, René Azcuy, quien estudió en la Academia de Bellas Artes San Alejandro, encuentra en la combinación de una imagen fotográfica de alto contraste y una mancha de color la fuerza plástica que necesita para la realización de su obra. De escaso cromatismo, su producción aparece llena de detalles derivados del proceso del alto contraste en la fotografía. Su cartel más conocido, *Besos robados* (página 231), es quizás la expresión más lograda de esa estrategia. La superposición del plano de color rojo sobre los labios de un rostro que no se alcanza a identificar permite múltiples asociaciones derivadas del título del filme de François Truffaut.

Por su parte, en la obra de Antonio Fernández Reboiro, quien cursó estudios de arquitectura en la Universidad de La Habana y dirigió algunos documentales para el ICAIC, el cartel es un soporte casi de infinitas posibilidades combinatorias. Su marca personal radica en la asociación, aparentemente casual, de elementos diversos por su procedencia y por su estilo de representación. La utilización de símbolos, ilustraciones y viñetas le permite realizar una interpretación del título del filme o de la trama del filme en sus carteles. Sin embargo, su afiche emblemático, *Harakiri* (página 67), resulta de una economía asombrosa. La representación gráfica del acto en sí, el

variety of reasons, ICAIC shifted from off-set to silk screen printing, setting up a printing studio in the *Corea* neighborhood of Havana. This decision left an indelible mark on the extraordinary look of Cuban film posters—the printing qualities achieved at the *Corea* studio made each poster one of a kind.

Film posters printed between 1961 and 1979 demonstrate that graphic designers learned to efficiently combine the need to convey a message with the need to enhance the aesthetic qualities of the medium. Posters were displayed for no more than ten days over cinema doors or stuck to structures known as *paragüitas*—umbrella-shaped constructions specially designed to hold eight posters.

ICAIC cinema posters, in most cases, manage to stay alive in the memory of those who see them. Their sharp messages, far from the obvious narratives and constructions dictated by the marketing needs of other economies, allow graphic designers to take up communicative challenges, and in many cases result in overtly artistic pieces. The chance to create a work that challenges the intelligence of the audience and establishes intellectual complicity has allowed Cuban posters to move away from the canons of conventional international film industry posters. It is striking to discover the many diverse aesthetic approaches used in them; most posters were produced for foreign films but also for events linked with cinematic exhibitions in the form of cinema weeks, festivals, symposiums, and tributes. The "ICAIC poster," as Cubans call it, is always a suggestion, a calling of attention or a wink to the spectator, that draws them in with their efficient handling of the different figures of speech.

Each time we stop to look at those posters, under the appeal of communicative efficiency or simply because of their aesthetic value, a personal interactive experience results, because the truth is if we ever quote that movie again in the future it will usually be through its poster. Moreover, some films are only remembered by their poster; we may even forget the plot or just remember the part depicted in the poster.

Throughout that period, the graphic designers working in connection with ICAIC produced more than 1,700 original designs, which were printed on paper in runs of 100 to 300 copies each, depending on the exhibition requirements. Within the large group of graphic designers working between 1961 and 1979, a few

seppuku japonés, es extremadamente sintética; el título y los créditos del filme quedan en un círculo rojo en la zona superior derecha del cartel en una alusión clara a la bandera japonesa.

En cuanto a Eduardo Muñoz Bachs, logra hacer presente sus habilidades como ilustrador en casi todos sus carteles. Este diseñador y dibujante, de formación autodidacta, se mueve con soltura entre lo más refinado del expresionismo y la ilustración infantil. Es el más prolífico de todos y en sus obras se evidencia la elaboración formal fundada en su dominio de la ilustración; sólo en algunos casos se sirve de fotografías o de viñetas.

Otros artistas gráficos, como Raúl Oliva, quien dejó su mayor obra en el diseño escenográfico, también colaboraron alternativamente con el ICAIC, aunque más entrada la década de los años sesenta.

En este primer momento, la experimentación quizás fue la mejor manera de describir el proceso creativo. Los diseñadores comenzaron a apartarse poco a poco de los códigos visuales de la década de los cincuenta para encontrar en el cartel de cine la posibilidad de realizar un diseño diferente.

En la década de los sesenta y en la primera mitad de los setenta, el cartel se transformó en un producto de excesiva elaboración conceptual. Quedaron atrás los discursos narrativos y las imágenes descriptivas, y se redujo la cantidad de elementos gráficos, así como los puntajes de la tipografía. Los diseñadores se concentraron en encontrar la combinación precisa de elementos para lograr una comunicación eficiente. Se reforzó la carga simbólica de algunos iconos y se apeló a la inteligencia del espectador para la interpretación de los mensajes de los carteles.

stand out for the quality and volume of work produced. They form an elite group of five graphic designers: Antonio Fernández Reboiro, René Azcuy, Antonio Pérez, Eduardo Muñoz Bachs, and Alfredo Rostgaard, all of whom have wide acclaim. Looking back at those first 18 years, a number of personal styles characteristic of each designer can be outlined, revealing themselves through the posters. There is no conflict in authorship for these graphic designers: Posters are signed and dated.

René Azcuy, who studied at the Academia de Bellas Artes San Alejandro, managed to achieve a high degree of plasticity in his posters through the combination of high-contrast photographic images with carefully placed blots of color. His works are loaded with meaning that results from the high contrast film developing process. His best known poster, *Besos robados (Stolen Kisses,* page 231), is perhaps the best expression of his technique. By overlapping red color over the lips of a barely recognizable face he invites multiple associations deriving from the title of the François Truffaut film.

In the works of Antonio Fernández Reboiro, who studied Architecture at the Universidad de la Habana and directed a few documentaries for ICAIC, posters are a medium with an infinite number of possibilities. His personal signature entails what seems to be the casual association of elements of diverse origin and of different representational styles. By using symbols and illustrations, he manages to recreate an interpretation of the title or the plot of the film. Yet his most representative poster,

Salas de cine en La Habana, donde se observa la forma en que se hace publicidad actualmente. La tradición de los carteles del ICAIC sigue viva, aunque los carteles impresos se encuentran ahora exclusivamente en el ICAIC.

Both pages: Movie theaters in Havana illustrating the current mode of film advertisement. Although the tradition of ICAIC posters still lives on, posters are printed in smaller quantities and housed exclusively at ICAIC.

Ya hacia 1963 Cuba se había convertido en el primer país de Latinoamérica libre de analfabetismo y se habían publicado varios clásicos de la literatura internacional que abrieron las puertas a una instrucción masiva. En esa época, los diseñadores se sirvieron de iconos de diversas procedencias.

Son múltiples las referencias a la historia del arte, de cuyo bagaje se toman fragmentos de obras reconocidas mundialmente o se alude a algunas de las vanguardias históricas. La apropiación pasa desde la cita hasta el pastiche.

Este procedimiento permite alcanzar un balance en la producción sin caer en recetas o repeticiones. En el cartel del ICAIC se mantiene la frescura y la renovación visual. Los conceptos que sustentan la utilización de uno u otro símbolo siempre son diferentes, lo cual se transfiere a la obra, y permite encontrar esa misma diversidad en la obra de un solo diseñador.

De la misma manera, se trabaja al máximo sobre las posibilidades tecnológicas de la impresión mediante la serigrafía del taller de la Corea. Carteles con 16 colores, o fotografías en alto contraste, donde el grano fotográfico se convierte en el centro de atracción, no son ajenos a esta producción.

Después de este periodo de intenso trabajo se observa un declive en el volumen de la producción. Las décadas de

Harakiri (page 67), is astonishingly simple, incorporating the graphic representation of the act itself—Japanese Seppuku. The title and film credits are balanced by a red circle on the top right-hand side as a direct reference to the Japanese flag.

It is perhaps Muñoz Bachs who best shows his illustration skills in all of his posters. This self-taught designer and illustrator is at ease between the most refined expressionism and children's illustration. He is the most prolific of the group, with hundreds of posters to his name, and his works display highly elaborate illustrative forms. Very few of his posters use photos or vignettes.

Experimentation perhaps is the best way to describe the creative process in this early period. Graphic designers rid themselves of the visual codes of the 1950s, experimenting with a variety of possibilities that seemed in direct opposition to previous work. As the medium evolved, posters became much more conceptual and aesthetically minimal. Narrative discourse and descriptive images were left behind. The number of elements on the page was reduced, and sans serif typography was preferred. Graphic designers focused on finding the right combination of elements to achieve the most efficient communication. Images grew in symbolic strength, appealing to the wit of the spectator. Graphic designers made use of symbols of diverse origin. There are many references to art history, incorporating iconic masterpieces, and allusion to art movements by the choice of treatment and appropriation, which varies from quotation to

los ochenta y de los noventa no resultan tan fastuosas con respecto a la calidad, pero una nueva oleada de diseñadores refresca los mensajes y asume nuevos retos y riesgos. En el nuevo milenio una renovada política de producción de carteles y una paulatina recuperación económica permiten al ICAIC el renacimiento de esta tradición gráfica.

Si el cartel cultural sobresale en la historia del diseño es porque refleja el espíritu de los diferentes periodos trascendentales por los que atraviesa un pueblo en la construcción de su porvenir. El cartel de cine en Cuba refleja los diversos momentos históricos por los que ha atravesado el país durante los últimos cincuenta años.

Sin embargo, ese espíritu sólo es reconocible con el paso del tiempo, dado que el cartel cultural se vive, se experimenta y, en consecuencia, se asocia a experiencias individuales, y únicamente la distancia permite evaluar con claridad su papel en la sociedad.

Ahora es un buen momento para mirar al pasado y reencontrar esa abrumadora producción, pero también para mirar al presente y descubrir a los nuevos diseñadores cubanos que están renovando la gráfica cultural, incluso en los pequeños espacios de las galerías.

pastiche. Perhaps it is because Cuba achieved 100 percent literacy by 1963 that posters using subtle forms of communication became immensely popular.

Such design methods allowed graphic designers to achieve a balance in their production while avoiding cliché and repetition, keeping the posters fresh and in permanent visual renewal. Although the presence of one author or another may be noticeable, the concepts sustaining the use of this or that symbol are always different, allowing us to recognize diversity in each work and across the production of any one designer. In the same way, the *Corea* print studio deploys all the technical printing possibilities of silk screening, from posters printed with 16 colors to pictures with very high contrast where the photographic grain becomes central to the image and message.

After an initial period of intensive work, there was a noticeable downturn in production. The 1980s and 1990s were not equally splendid in terms of quality. Since the late 1990s, a new wave of graphic designers has refreshed the messages and taken up new challenges and risks. In the new millennium a renewed policy of poster production, as well as the gradual financial recovery of ICAIC, has favored the revamping of this graphic tradition.

In examining design history, posters that reflect the cultural spirit of different eras are preferred. For Cuba, it is film posters, which in fact have been the reflection of the stages our country has gone through in the last 50 years. This spirit can only be recognized with the passage of time. Only distance allows us to assess the role a certain type of design has in society. While now is a good time to look back and acknowledge the awesome production of Cuban cinema posters since 1960, it is also time to acknowledge the present and consider the graphic works being produced by new Cuban graphic designers even in the smallest art galleries.

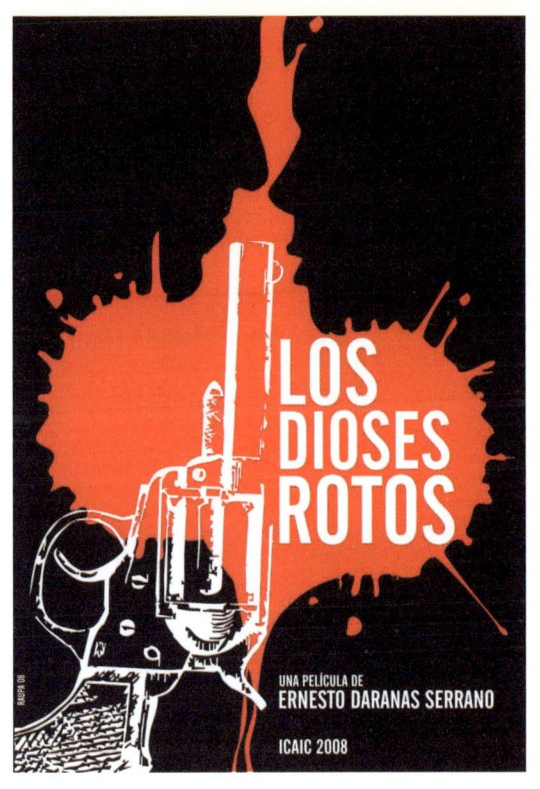

Carteles creados por la nueva generación de diseñadores cubanos (de izquierda a derecha): Miguel Mijares Hollands, 2008; RAUPA, 2008; Pavel Giroud, 2001; Eduardo Moltó, 2006.

Posters designed by the newest generation of Cuban designers (clockwise from top left): Michele Mijares Hollands, 2008; RAUPA, 2008; Pavel Giroud, 2001; Eduardo Moltó, 2006.

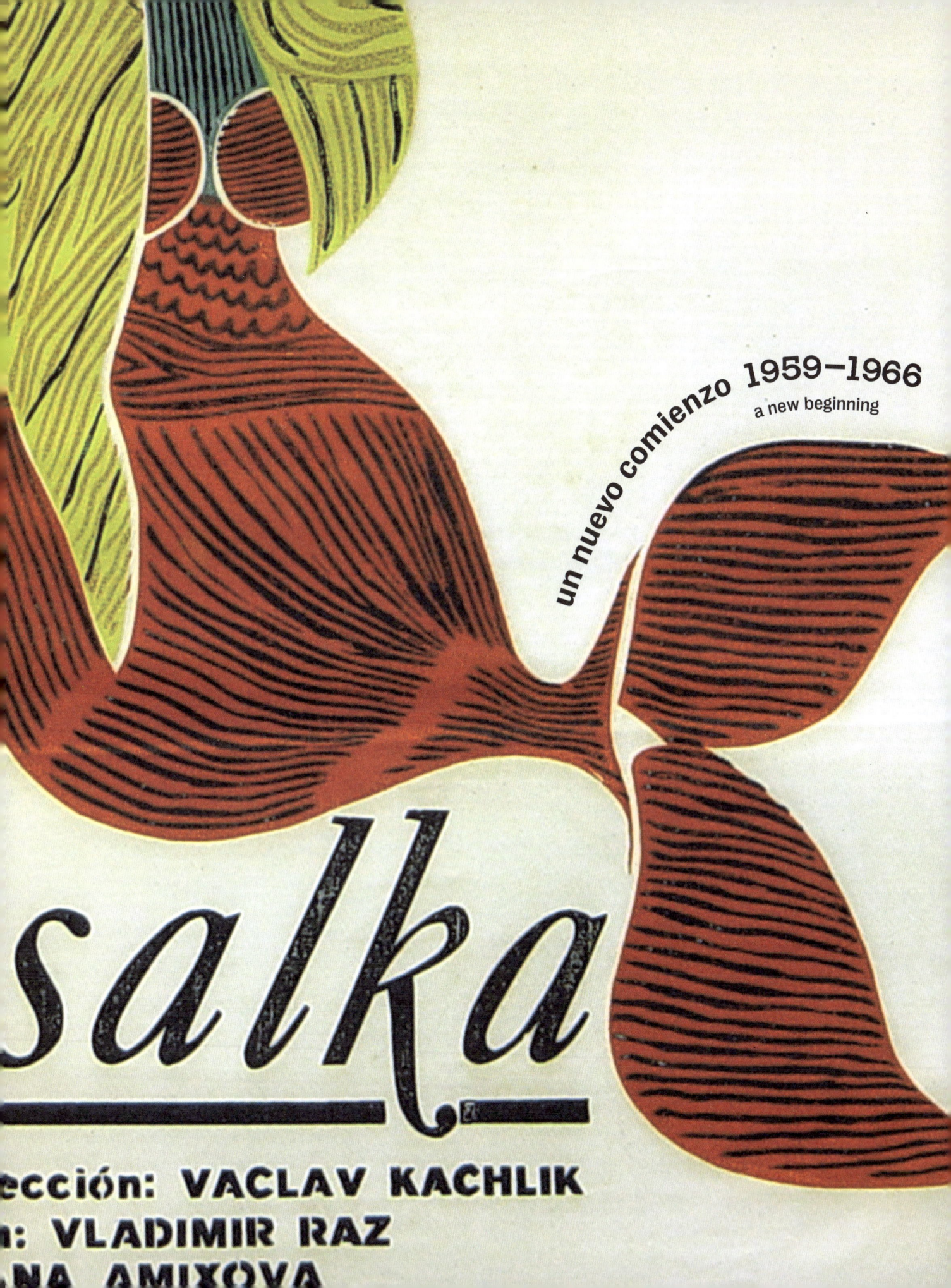

el cartel
de cine
cubano
y las
nuevas
generaciones
FLOR DE LIS LÓPEZ HERNÁNDEZ

carteles de siempre

EN CUBA, CUANDO SE HABLA DE LA CULTURA visual de la segunda mitad del siglo XX, resulta imprescindible mencionar una manifestación que ha dejado huella indeleble por sus valores estéticos y su poderosa fuerza comunicativa, realizada con un tradicional sistema de reproducción, que en nuestro país ha desarrollado un lenguaje propio y logrado un sello de cubanía. Nos referimos al cartel cubano de cine. Medio gráfico reconocido como proyecto que sobrepasa las meras funciones comunicativas para lograr insertarse como un producto artístico de valores propios.

En sus años de mayor esplendor, entre las décadas del sesenta y setenta de la pasada centuria, referida por muchos especialistas como la época dorada del cartel cubano (no sólo el cinematográfico), cada película, tanto de producción nacional como extranjera, tenía su cartel anunciador. Una dinámica de exhibición amplia y heterogénea, era el principal detonante para la explosión de carteles de alta calidad estética y formal, que desde entonces identificaron la gráfica del ICAIC.

En tales circunstancias, con la alta demanda de carteles promocionales para la abundancia de materiales fílmicos a exhibir, se fue consolidando una larga lista de diseñadores que aun cuando trabajaban con la misma técnica, el silk screen, perfilaron líneas de expresión diferentes y poéticas muy personales, proporcionándole a la gráfica de esos años una rica pluralidad y un sabor característico producido por el fenómeno de autor. No eran conscientes los diseñadores de entonces de que sus creaciones, concebidas como efímeras piezas de comunicación, pasada la inmediatez del momento, serían atesoradas por coleccionistas y referidas en la literatura especializada como piezas de especial significación dentro del diseño gráfico contemporáneo.

otros tiempos

Los últimos diez años del siglo XX fueron particularmente difíciles para los cubanos. El despertar de la isla de Cuba en la década de los noventa fue brusco y traumático. Con la caída estrepitosa del campo socialista de Europa del Este, la economía cubana sufrió más que una crisis. Esta situación extraordinaria debida en lo fundamental a causas

cuban
film
posters
and the
newer
generations
FLOR DE LIS LÓPEZ HERNÁNDEZ

old time posters

WHEN DISCUSSING THE VISUAL CULTURE OF THE SECOND HALF of the twentieth century in Cuba, it is essential to mention an artistic and cultural expression that has left an indelible mark due to its aesthetic value and powerful communicative force. Following a traditional system of visual reproduction, it has developed a language all its own and become one of the hallmarks of Cuban visual culture—I am referring to Cuban film poster design, of course, which is a graphic medium originally conceived as a cultural project surpassing mere communicative functions in order to achieve an artistic merit in its own right.

Its years of splendor, between the 1960s and 1970s, are referred to by many specialists as the Golden Age of Cuban poster art. (This includes all posters created in Cuba during this period, not just movie posters.) The wide range of movies shown in Cuba at the time contributed to a poster boom of high aesthetic and formal qualities that has since become the hallmark of the graphic work of ICAIC.

During this time, the high demand for posters promoting numerous film productions throughout Cuba contributed to establishing a long list of venerated graphic designers. Although they all used the same technique of silk screening, each designer developed his or her own particular style of expression and personal aesthetic. There was an abundance of graphic designers who contributed a rich plurality to the graphic art of those years. The graphic designers at the time were unaware of the fact that their creations, conceived as ephemeral pieces of communication, would be treasured by collectors and hold special significance in the field of contemporary graphic design.

different times

The 1980s were difficult for Cubans. An abrupt and traumatic shift overtook the island. The spectacular fall of the Socialist economy in Eastern Europe generated a crisis in the Cuban economy. This extraordinary situation, due fundamentally to

externas, se caracterizó por una aguda escasez de combustible, materias primas, alimentos y otros medios, por la disminución drástica de los niveles productivos y la caída del nivel de vida del pueblo. Sólo la voluntad de los cubanos y su decisión de continuar adelante pudo hacer que sobrevivieran al tremendo colapso económico.

De este ambiente de limitaciones no escapó la industria cinematográfica cubana. Cada vez se produjeron menos filmes de factura nacional. Muchos cines cerraron por condiciones técnicas y por no tener nada que exhibir en sus salas. Esta exigua producción, por lógica, no podía generar abundante gráfica, disminuyendo la demanda de carteles a niveles mínimos. Los tradicionales talleres de serigrafía del ICAIC no contaban con los insumos necesarios, faltaban las tintas, el papel, los materiales de todo tipo, lo que no era novedad para los diseñadores. Ya en los años sesenta habían pasado por semejante situación, siendo la creatividad la mejor arma contra la escasez. Los carteles cubanos de cine probaron cuánto se podía hacer con poco: bastaba el ingenio para encontrar excelentes soluciones, sólo con dos o tres tintas y sobre soportes nada tradicionales como el papel craft o incluso el papel de periódico.

Pudiera parecer que todo fue nefasto para el cartel cubano en esta década, sin embargo, los noventa abren con los primeros egresados de nivel superior en diseño (en 1989 el Instituto Superior de Diseño Industrial tuvo su primera graduación). Muchos de ellos, aunque preparados para trabajar los disímiles soportes comunicacionales que hoy día inundan los diferentes medios, no pueden sustraerse a la fascinación por el cartel y lo que este significa para la historia del diseño gráfico cubano.

Con este relevo irrumpe en la cartelística cubana un universo múltiple de imágenes, se advierte una nueva sensibilidad y el empleo de recursos gráficos afines a una estética postmoderna. Así, se hace referencia a códigos representativos de la plástica y la gráfica, tanto nacional como foránea de la segunda mitad del siglo. También se recurre al uso de la cita, de la parodia, la mixtura de códigos, el empleo del humor y la ironía como estrategia para hacer pensar y reflexionar a través de la imagen visual, identifican a casi toda la producción cartelística de los noventa. La búsqueda de imágenes con gran peso conceptual para trasmitir ideas demuestra la continuidad por el camino de sus antecesores, así como el empleo por excelencia de la serigrafía, con la cual tensan al máximo las posibilidades simbólicas y expresivas del color.

En los primeros años de la década, el filme cubano *Fresa y chocolate* (1993) (figura 1) hace época, al abordar temas controvertidos hasta ese momento, como la homosexualidad, pero que es mucho más que eso: habla de valores humanos, de amistad, de amor a la patria, de incomprensiones. El cartel lo asume un diseñador de las

external factors, was characterized by a serious shortage of fuel, raw materials, food, and other products, as well as a drastic decrease in levels of productivity and a fall in the standards of living. The Cuban people managed to survive such a tremendous economic collapse as a result of their willpower and their resolve to move forward.

The film industry did not escape this policy of restrictions. There were cutbacks in the production of Cuban films. Many movie theaters closed for lack of films to show. Accordingly, as production dwindled, there were fewer graphic works being produced and the level of demand for posters was minimal. The amount and range of film screenings gradually waned, contributing to a decrease in the designing of film posters. The production of posters for foreign movies came to a complete halt. Only Cuban film productions continued putting up their traditional advertisements inside movie theaters. The *sombrillitas*—the colloquial name given to the umbrella-shaped structures for movie posters that were placed out in the street for passersby—appeared barren, devoid of the traditional feast of colors that used to be displayed in previous decades, until finally they disappeared.

In addition, the earlier generation of Cuban poster art masters had grown old, passed away, or gone off to live abroad. Only a few remained, like Muñoz Bachs, who continued working well into the 1990s. As a consequence, there is a break in continuity in this visual history, a gap between a generation that left behind a rich legacy and another that would not appear until a decade later.

The traditional silk screen printing studios at ICAIC did not have enough supplies, including ink and paper. It was not the first time that graphic designers experienced a shortage of supplies. In the 1960s, they had undergone a similar situation, so they understood that ingenuity was the best weapon for overcoming a lack of resources. The Cuban film posters are a demonstration of how much can be done with so little. Inventiveness was the key to finding excellent solutions—two- or three-color posters were printed on never before used materials, such as craft paper and even newspapers.

A change of tide occurred in the early 1990s as the economy shifted once again and the first group of designers graduated from the Instituto Superior de Diseño (Higher Institute of Design). Despite having the advantage of being introduced to new media, these new graduates could not resist their fascination with poster design and recognized its importance to the history of Cuban graphic design.

nuevas generaciones, Ernesto Ferrand. La propuesta posee gran fuerza visual, lograda con la simplicidad del signo (que invariablemente nos remite a las soluciones de uno de los grandes, René Azcuy), dos manos que sugieren un abrazo, memorable escena final del filme, se destacan iluminadas sobre un fondo negro, mientras el texto es resuelto sobriamente. La pieza en cuestión es un ejemplo de economía de medios gráficos y de colores.

Significativo por el uso de recursos postmodernos resulta el cartel para la película *El elefante y la bicicleta* (1995) (figura 2) realizado por Manuel Marzel y el grupo Nudo, integrado por dos jóvenes diseñadores, Eduardo Marín y Vladimir Llaguno. El filme, de carácter onírico, desarrolla su trama en una isla irreal, donde suceden eventos que traspasan las fronteras de la lógica. En la misma cuerda, el cartel hace una referencia extratextual y un tanto ilógica al recurrir a la tan conocida isla de la marca de cigarros Camel, pero en este caso el dromedario es sustituido por una jirafa que se muestra con parte del cuello seccionado para reaparecer más abajo en el próximo recuadro del celuloide. El cartel está repleto de contrastes por imágenes, color y textos. Uno bien interesante es el creado entre la palabra elefante, escrita con grandes letras que recuerdan los tipos de madera y su colocación sobre la imagen de otro animal, bien diferente del que nuestro cerebro evoca.

figura 1. *Fresa y chocolate*, diseñado de Ernesto Ferrand.

figure 1. *Strawberry and Chocolate*, designed by Ernesto Ferrand.

Llama la atención el hecho de que algunos de los carteles de las nuevas generaciones son asumidos por más de un autor, mientras que los de décadas anteriores eran asumidos en solitario. Como el anterior, otro ejemplo de autoría colectiva es el cartel para la película cubana *Perfecto amor equivocado* (2004) (figura 4), de Laura Llópiz y Pepe Menéndez. En el mismo, Cupido, dios del amor, lanza flechas en sentido contrario a donde apunta su arco. El color violeta de fondo contrasta fuertemente con el blanco del cuerpo de Cupido, el título del filme y una flecha. Los tres elementos mencionados logran una tensión interesante del orden de lectura de los elementos que van del texto principal a la acción que realiza el dios y de ahí a la flecha con la dirección equivocada.

Por supuesto que las tiradas de hoy no se acercan a las de las décadas de los sesenta y setenta, que podían llegar a los 1000 carteles en silk screen, las actuales oscilan entre

This generation of graphic designers contributed a myriad of images to the Cuban poster scene. A new sensibility emerged that resulted in the use of visual resources more attuned to postmodern aesthetics. Poster production from the 1990s was characterized by references to visual and graphic codes of representation from both Cuba and abroad through the use of quotations, parody, humor, and irony—as well as mismatching these codes—as strategies to stimulate thinking and reflection through visual imagery. The influence of this generation's predecessors on Cuban poster design can be seen in their search for images to convey their ideas, and most importantly, in the use of silk screening for printing posters, thus making the most out of the symbolic and expressive possibilities of color.

During the first years of the decade, the Cuban film *Fresa y chocolate* (*Strawberry and Chocolate*, 1993, fig. 1) made history by exposing issues that had been until then controversial, such as homosexuality, although the film goes beyond to explore other subject matters, such as friendship, patriotism, and intolerance. The poster was designed by Ernesto Ferrand from the newer generation of graphic designers. The poster design has a great visual effect achieved through its formal simplicity, which invariably makes us think of René Azcuy, one of the greatest Cuban graphic designers. In the poster, two hands that seem to be embracing another person—a final memorable scene in the film—are highlighted against a dark background, while the text stands out for its sobriety. The piece is an example of simplicity in its use of graphic resources and colors.

The poster for the film *El elefante y la bicicleta* (*The Elephant and the Bicycle,* 1995, fig. 2) is an outstanding piece that delineates the use of postmodern resources. It was designed by Manuel Marzel and the Nudo design group, including young designers Eduardo Marín and Vladimir Llaguno. (It is significant to note that some of the Cuban posters of the newer generation are group creations by more than one graphic designer, while those from previous decades were strictly individual works.) *El elefante y la bicicleta* is set on an imaginary island where a series of events takes place that surpasses the limits of the logical. In the same vein, the poster makes a somewhat illogical extra textual reference to the well-known island that appears on the package of Camel cigarettes, with a giraffe substituting for the camel.

figura 2. *El Elefante y la bicicleta*, diseñado de Manuel Marzel y Nudo.

figure 2. *The Elephant and the Bicycle*, designed by Manuel Marzel and Nudo design group.

150 y 300 piezas. La mayoría de ellos son realizados por las nuevas promociones de diseñadores, entre los cuales algunos nombres ya van siendo conocidos, con sus propuestas aceptadas e impresas en el taller de serigrafía del ICAIC.

un nuevo comienzo

Con la intención explícita de hacer visible la existencia de nuevas generaciones de diseñadores capaces de continuar la tradición del cartel de cine cubano, en 1999 especialistas de la Cinemateca de Cuba organizaron un concurso de carteles, cuyo resultado de alguna manera significó un punto de partida en la intención de revitalizar la producción de carteles del ICAIC.

El mencionado concurso devino en la exposición Ayer y hoy - Carteles de cine cubano donde, junto a antológicas piezas de cartelística, vieron la luz 24 obras de jóvenes diseñadores. De esta nueva hornada algunos carteles son ya casi tan conocidos como sus antecesores de la época dorada. Nos referimos entre otros a *Vampiros en La Habana* (figura 3), de Nelson Ponce, cuyo gran poder de síntesis, adaptabilidad y fuerte impacto visual, han hecho que pueda ser reproducido en disímiles soportes. También *Ciclón* (página 40), de René Azcuy, sobria y muy bien pensada solución, capaz de trasmitir formal y conceptualmente el efecto del evento metereológico y que ha sido exhibido en múltiples ocasiones tanto en Cuba como en otros países.

Comenzando con el nuevo siglo, el ICAIC patrocina un evento organizado por especialistas de la Cinemateca de Cuba, con la participación de estudiantes y profesores del Instituto Superior de Diseño: la Muestra de Nuevos Realizadores, que ofrece un espacio a los jóvenes y abre una nueva senda al audiovisual cubano. Paralelamente se realiza un concurso de carteles que les ofrece la posibilidad a estudiantes de diseño de hacer los carteles promocionales para estas nóveles producciones nacionales. En las aulas de la universidad de diseño, el profesor guía el proceso, mientras los estudiantes tienen total libertad para escoger los recursos comunicacionales y expresivos que se avengan al material fílmico seleccionado por ellos. Durante esta experiencia se han logrado carteles que destacan por la creatividad y la frescura del lenguaje. Algunos ejemplos a destacar son: *Al*

figura 3. *Vampiros en la habana*, diseñado de Nelson Ponce.

figure 3. *Vampires in Havana*, designed by Nelson Ponce.

The poster contains an illustration of a film strip, compositionally showing two frames so that the giraffe's body is seen in one frame, with its head shown in the frame below. The poster is full of contrasting images, colors, and fonts.

Another example of collective authorship is the poster for the Cuban film *Perfecto amor equivocado (Perfect Love Wrong*, 2004, fig. 3) by Laura Llópiz and Pepe Menéndez. In that poster, we see Cupid, the god of love, shooting arrows in the direction opposite to where his bow is pointing. The violet color of the background contrasts highly with the white Cupid, the film title, and the arrow. There is an interesting tension among these three elements that moves from the text to the action being performed by Cupid, and finally to the arrow flying in the wrong direction.

Nowadays, the posters are obviously not as widely reproduced as in the 1960s and 1970s, when a typical print run was 1,000 silk screen posters. Today the average number of prints lies between 150 and 300. Most of these are made by the newer generations of graphic designers, some of whom are beginning to be well known and whose proposals are being accepted and printed in the ICAIC silk screen studio.

With the clear intention of promoting newer generations of graphic designers capable of keeping the Cuban film poster tradition alive, a group of specialists from the Cuban Film Institute organized a poster contest in 1999 that helped set the foundations for the revival of ICAIC's poster production.

A selection of the contest participants' posters was shown in the exhibition *Ayer y hoy: carteles de cine cubano*. Twenty-four works by young graphic designers were brought to the public and shown alongside some anthological pieces from the Cuban poster tradition. Some of these recently produced posters have become almost as well known as their golden age predecessors. One example is *Vampiros en la habana (Vampires in Havana*, fig. 3) by Nelson Ponce, in which the design has enormous capacity for synthesis, adaptability, and bold visual impact, making possible its reproduction in a variety of media. There is also *Ciclón (Cyclone*, page 40) by Pedro Juan Abreu, a sober and cleverly proposed poster capable of formally and conceptually conveying the effects of weather phenomena.

a new beginning

At the turn of the twenty-first century, the renewal of ICAIC's program of events brought about the gradual revitalization of poster production. These are designed

figura 3. *Perfecto amor equivocado*, diseñado de Laura Llópiz y Pepe Menéndez.

figure 3. *Perfect Love Wrong*, designed by Laura Llópiz and Pepe Menéndez.

compás del pilón (2002), de Idania del Rio, *Zapping* (2005) de Marwin Sánchez y *Model Town* (2007) de Anabel Alfonso.

Con el arribo del nuevo siglo y al comenzar la recuperación de la producción del ICAIC, empieza también la reaparición paulatina de su cartel. Se producen para diferentes eventos cinematográficos: ciclos de directores famosos, festivales, aniversarios. Precisamente con motivo del 45 aniversario de la Cinemateca de Cuba se presentaron varios carteles de jóvenes. Un ejemplo interesante y divertido, resuelto con gran economía de medios y eficacia comunicativa, utiliza la apropiación como recurso al intervenir el famoso cartel realizado para dicha institución por Rafael Morante en 1961. En la nueva propuesta de 2004, se dibuja sobre la imagen de Chaplin un gorro de fiestas y el texto 45 años, encima del original Cinemateca de Cuba. Tanto el gorro como el texto se realizan con trazos gestuales y con brillantes colores, contrastando con la sobriedad del tratamiento en blanco y negro del cartel original, lo que hace evidente la intención de destacarlos como algo agregado a la imagen de 1961. Como elemento interesante se mantiene la firma de Morante junto a la del diseñador que realiza la nueva propuesta.

En el año 2007, el ICAIC realizó un documental dedicado al cartel cubano y a sus variadas generaciones. Su título *Poética gráfica insular* es tomado de un artículo homónimo que sobre el tema se publicara años atrás. La pieza que lo promocionó, de la autoría de Claudio Sotolongo, destaca por su fuerte cromatismo logrado a través del contraste entre naranja, azul, verde, amarillo y negro con gran impacto visual. La trama urbana hace alusión al fenómeno del cartel y su conexión con la ciudad. La selección tipográfica, su sobredimensión y su disposición en diagonal establecen una relación dinámica entre texto e imagen, articulados en una obra que alcanza así un óptimo resultado en cuanto a valor comunicativo.

En la producción de carteles de cine de décadas anteriores, no fue usual la presencia de mujeres, sin embargo hoy a la nómina de diseñadores que trabajan el tema se han sumado nombres de féminas que ya se van haciendo habituales. Entre ellas Laura Llópiz, Michelle Miyares y Giselle Monzón, las dos últimas fueron merecedoras en el año 2006 del Premio Coral al mejor cartel, que otorga el Festival de Cine Latinoamericano de La Habana, con su trabajo conjunto para el documental cubano *72 horas*. Mientras que una propuesta de Giselle fue escogida para promocionar el documental de Oliver Stone, *Al sur de la frontera*. En ambas se aprecia gran versatilidad para desarrollar los diferentes temas y si bien algunos de los recursos utilizados manifiestan el conocimiento y manejo del legado de sus antecesores, la contemporaneidad con que asumen sus soluciones evidencia la adscripción a los nuevos tiempos en que les ha tocado vivir.

for various events, such as film festivals dedicated to famous directors, film festivals, and anniversaries. It was on the occasion of the 45th anniversary of ICAIC that a display of posters by several young graphic designers took place. The new 2004 poster proposal superimposes a drawing of a party hat on top of the original image of Charlie Chaplin with the text "45 Years" appearing on top of the original text, "Cinemateca de Cuba." Both the hat and text are gestural drawings in bright colors in an obvious contrast to the sobriety of the original black-and-white poster, clearly intending to show that they have been added on to the original 1961 poster. It is worth noting that Morante's signature appears as it did in the older poster, but this time next to the new graphic designer's signature.

During this time ICAIC also began sponsoring an event that still offers a new place for the younger generation of artists and opens a channel for the production of audiovisual Cuban art: the *Muestra de nuevos realizadores (National Exhibition of Young Filmmakers)*. Concurrent with this event is a poster contest that allows graphic design students the chance to make their own promotional posters for these new Cuban film productions. Organized by ICAIC, students have total freedom to choose the tools of communication and materials that best suit the kind of film they have selected to promote, and they are mentored by their professors and teachers through the design process. This experience has made it possible for posters of striking creativity and fresh language to be brought to the public. Some outstanding examples: *Al compás del pilón* (2002) by Idania del Rio, *Zapping* (2005) by Marwin Sánchez, and *Model Town* (2007) by Anabel Alfonso.

In previous decades, the presence of women in the production of film poster design was scarce; however, there are a number of women who, in recent times, have come to bulk up the list of graphic designers. Laura LLópiz, Michelle Miyares, and Giselle Monzón are among them. The last two were awarded the 2006 Latin American Film Festival of Havana's Premio Coral prize for their joint collaboration on the poster for the Cuban documentary *72 horas (72 Hours)*, while a poster proposal by Giselle Monzón was selected as the promotional poster for Oliver Stone's documentary *South of the Border*. Both graphic designers show great versatility in dealing with different kinds of subject matter. Although the influence of their predecessors can be seen in their knowledge and handling of visual resources, their contemporary

Al repasar estos cincuenta años de cartel de cine cubano, sin duda apreciaremos la rica diversidad de estilos, influencias, formas y recursos expresivos de que son portadores. Muchos nombres fundamentales forman parte de esta historia, todos con su sello personal y sin embargo logran que esta pluralidad hasta hoy se aprecie como un todo, como parte de una escuela con una identidad propia e inigualable. Teniendo su continuidad en las nuevas generaciones de diseñadores cubanos, los cuales han sabido aprovechar lo mejor de este rico legado sin renunciar a un lenguaje y estilo propios de los nuevos tiempos.

Si bien es prematuro afirmar que el cartel de cine hoy, en su conjunto, alcance la gloria de sus antecesores de la época dorada, sí podemos asegurar que este relevo ya va marcando un camino en nuestra gráfica actual y que sin dudas, dejará una huella indeleble en la cultura visual de nuestro país.

solutions show great adaptability to the needs of our time.

A review of the first 50 years of Cuban film poster production will undoubtedly make us aware of the rich variety of styles, influences, forms, and expressive resources that they contribute to the field of design. Many of these graphic designers already enjoy some renown, and although each of them has contributed his or her own personal style to the history of Cuban poster design, they constitute a whole school with an unprecedented identity of its own. A newer generation of Cuban graphic designers continue this work, making good use of this rich legacy while finding a language and style more suited to contemporary times.

Although it is still premature to say whether today's film poster production will, on the whole, reach the heights of its Golden Age predecessors, it can be stated without hesitation that this newer generation is forging a new path in today's graphic design. As was the case with the previous generation, it will undoubtedly leave its indelible mark on the visual culture of our country.

Flor de Lis López Hernández es jefe del Departamento de Teoría y Metodología y profesora de Historia del Diseño en el ISDI.

Flor de Lis López Hernández is head of the Department of Theory and Methodology and a professor of design history at ISDI.

a new beginning

EDUARDO MUÑOZ BACHS • 1962

Papa dollar
Hungría

Papa Dollar
Hungary

un nuevo comienzo

EDUARDO MUÑOZ BACHS · 1962

La señorita fea
Checoslovaquia

The Ugly Woman
Czechoslovakia

RAYMUNDO GARCÍA PARRA • 1964

Una mujer se va
Hungría

A Woman Leaves
Hungary

RENÉ AZCUY CÁRDENAS • 1965

Ciclón
Cuba

Cyclone
Cuba

a new beginning

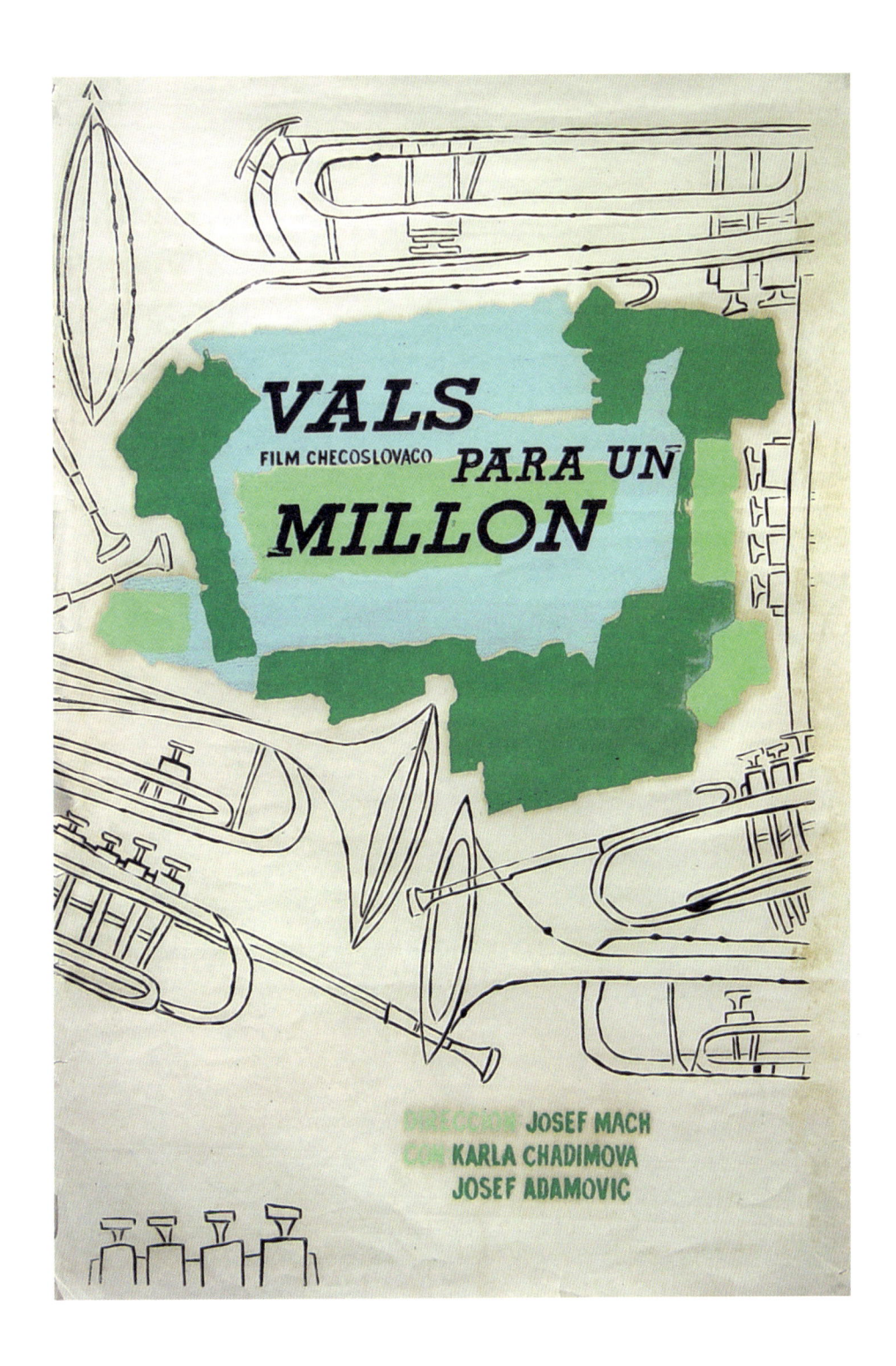

HOLBEÍN LÓPEZ • 1962

Vals para un millón
Checoslovaquia

Waltz For a Million
Czechoslovakia

un nuevo comienzo

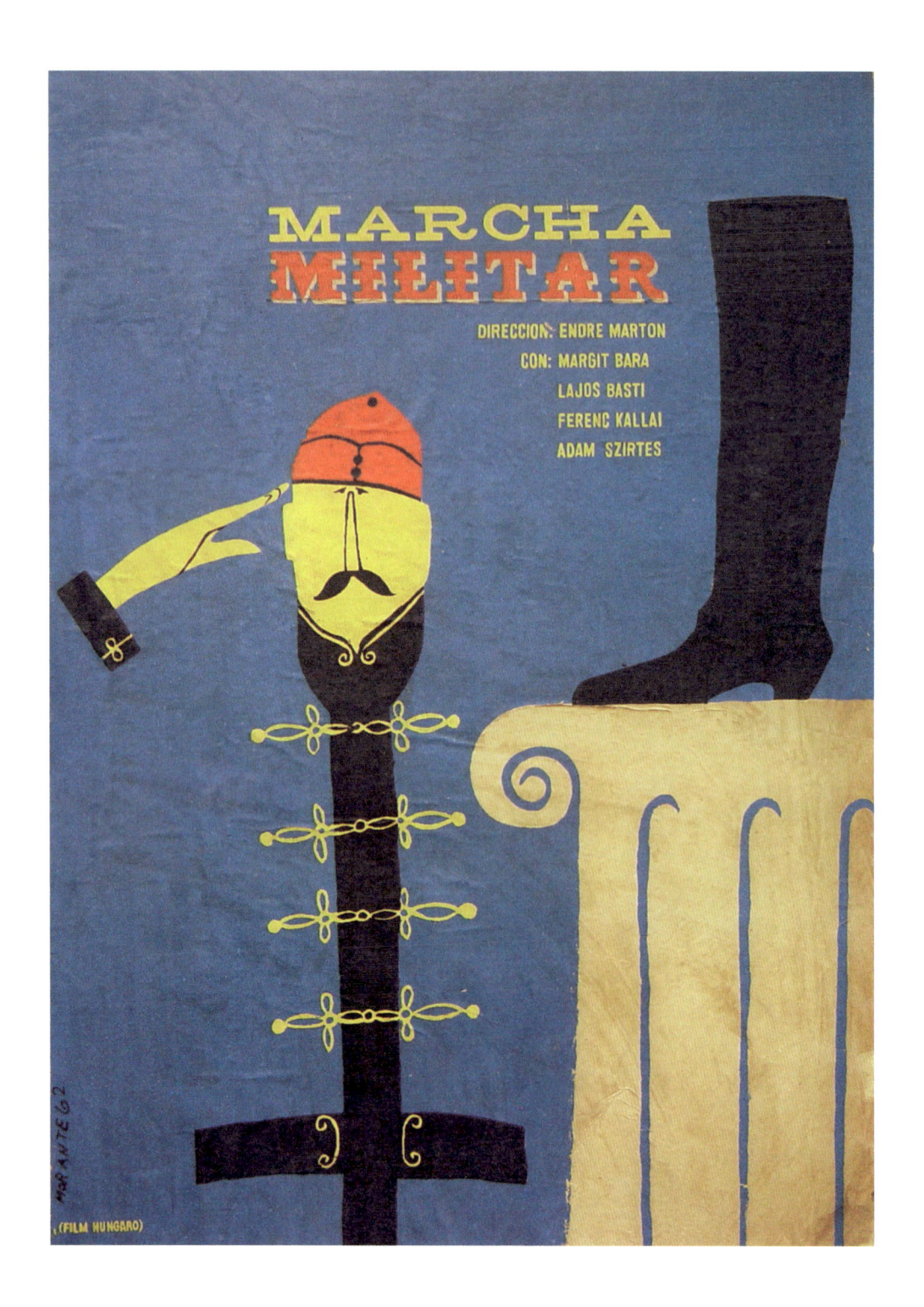

RAFAEL MORANTE BOYERIZO • 1962

Marcha militar
Hungría

Military March
Hungary

ANTONIO FERNÁNDEZ REBOIRO • 1964

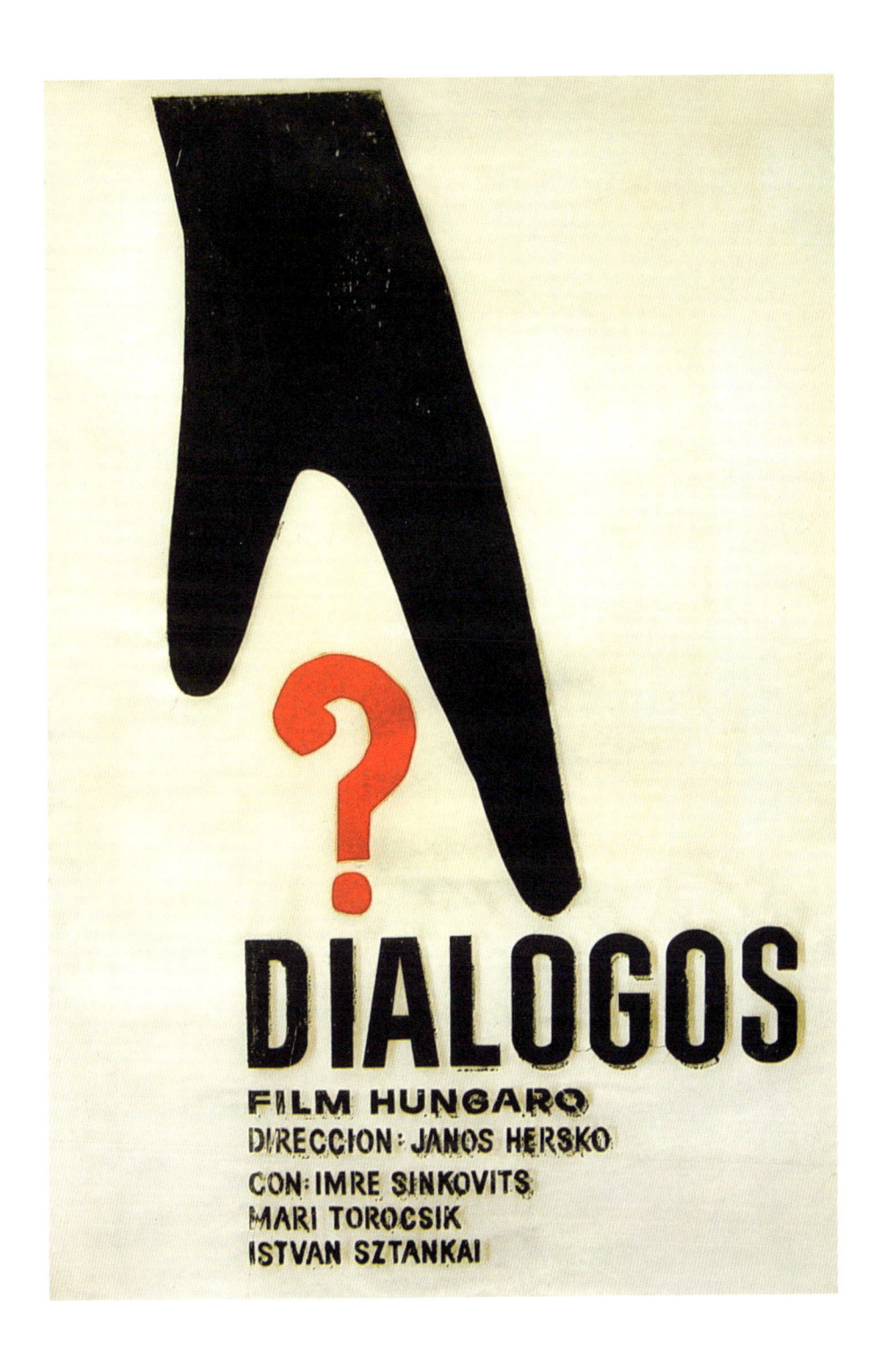

Diálogos
Hungría

Dialogues
Hungary

un nuevo comienzo

RAFAEL MORANTE BOYERIZO • 1962

Arroz para el octavo ejército
China

Rice for the Eighth Army
China

EDUARDO MUÑOZ BACHS • 1966

El agujero
Francia

The Hole
France

un nuevo comienzo

ANTONIO FERNÁNDEZ REBOIRO • 1966

Un palmo de tierra
Unión Soviética

A Palmful of Earth
Soviet Union

EDUARDO MUÑOZ BACHS · 1965

Beatriz
Polonia

Beatrice
Poland

un nuevo comienzo

RENÉ PORTOCARRERO • 1964

Soy cuba
Cuba + Unión Soviética

I Am Cuba
Cuba + Soviet Union

RENÉ AZCUY CÁRDENAS • 1965

La larga noche del '43
Italia

The Long Night of '43
Italy

un nuevo comienzo

SILVIO GAYTÓN • 1964

El rostro
Suecia

The Face
Sweden

ALDO AMADOR • 1965

Tres en el bosque
Polonia

Three in the Woods
Poland

un nuevo comienzo

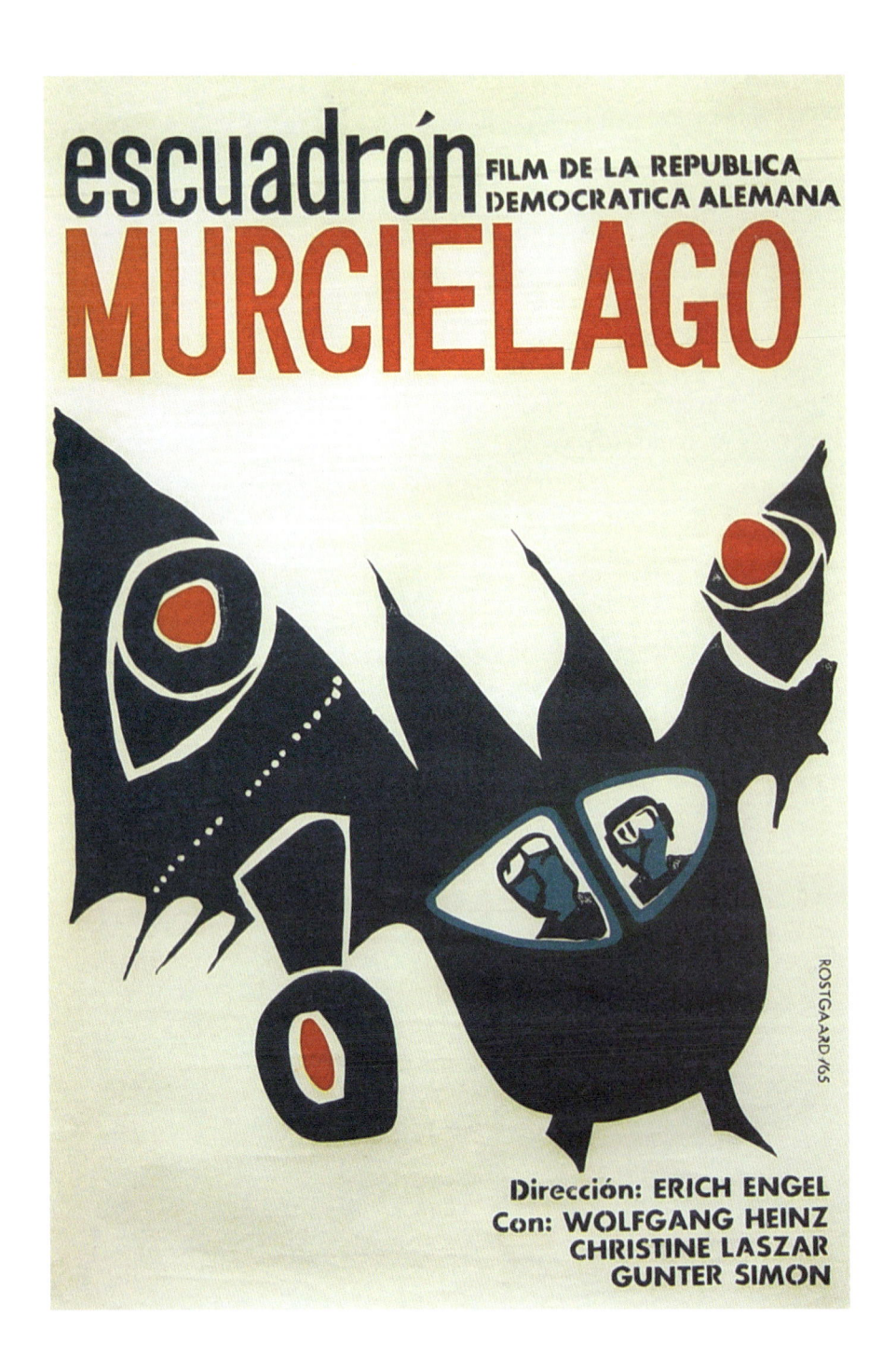

ALFREDO GONZÁLEZ ROSTGAARD • 1965

Escuadrón murciélago
Alemania

Bat Squadron
Germany

a new beginning

ALDO AMADOR • 1966

Agnes 46
Polonia

Agnes 46
Poland

ALDO AMADOR • 1965

Cinco pecadores
Checoslovaquia

Five Sinners
Czechoslovakia

ALDO AMADOR • 1965

El soldado Alejandro Matrosov
Unión Soviética

The Soldier Alejandro Matrosov
Soviet Union

un nuevo comienzo

ALDO AMADOR • 1965

Todos son inocentes
Hungría

Everyone is Innocent
Hungary

56

ALFREDO GONZÁLEZ ROSTGAARD · 1966

Brillante porvenir
España

Bright Future
Spain

un nuevo comienzo

ALFREDO GONZÁLEZ ROSTGAARD • 1965

Now!
Cuba

Now!
Cuba

ALFREDO GONZÁLEZ ROSTGAARD · 1966

El robo
Cuba

The Robber
Cuba

un nuevo comienzo

ANTONIO FERNÁNDEZ REBOIRO • 1965

El asesino
Italia

The Assassin
Italy

60

ANTONIO FERNÁNDEZ REBOIRO • 1966

El beso de 90 segundos
Checoslovaquia

The 90 Second Kiss
Czechoslovakia

ANTONIO FERNÁNDEZ REBOIRO • 1966

El caso de los 2 señores
Polonia

The Case of the 2 Women
Poland

ALFREDO GONZÁLEZ ROSTGAARD • 1965

Salto a la oscuridad
Checoslovaquia

Plunge Into Darkness
Czechoslovakia

ANTONIO FERNÁNDEZ REBOIRO • 1965

Un día de felicidad
Unión Soviética

Day of Happiness
Soviet Union

ANTONIO FERNÁNDEZ REBOIRO • 1966

Ociel del Toa
Cuba

Ociel of the Tow
Cuba

un nuevo comienzo

ANTONIO FERNÁNDEZ REBOIRO • 1966

Encuentro en el planeta feblus
Unión Soviética

Encounter in Space
Soviet Union

66

a new beginning

film japonés en cinemascope. dirección: masaki kobayashi. con tatsuya nakadai, shima iwashita, akira ishihama. premios san giorgio y pascinetti en el festival de venecia. segundo premio en el festival cinematográfico de cannes, 1963.

HARA
KIRI

ANTONIO FERNÁNDEZ REBOIRO • 1964

Harakiri
Japón

Harakiri
Japan

un nuevo comienzo

ANTONIO FERNÁNDEZ REBOIRO • 1965

El inspector y la noche
Bulgaria

***

The Inspector and the Night
Bulgaria

ANTONIO FERNÁNDEZ REBOIRO • 1966

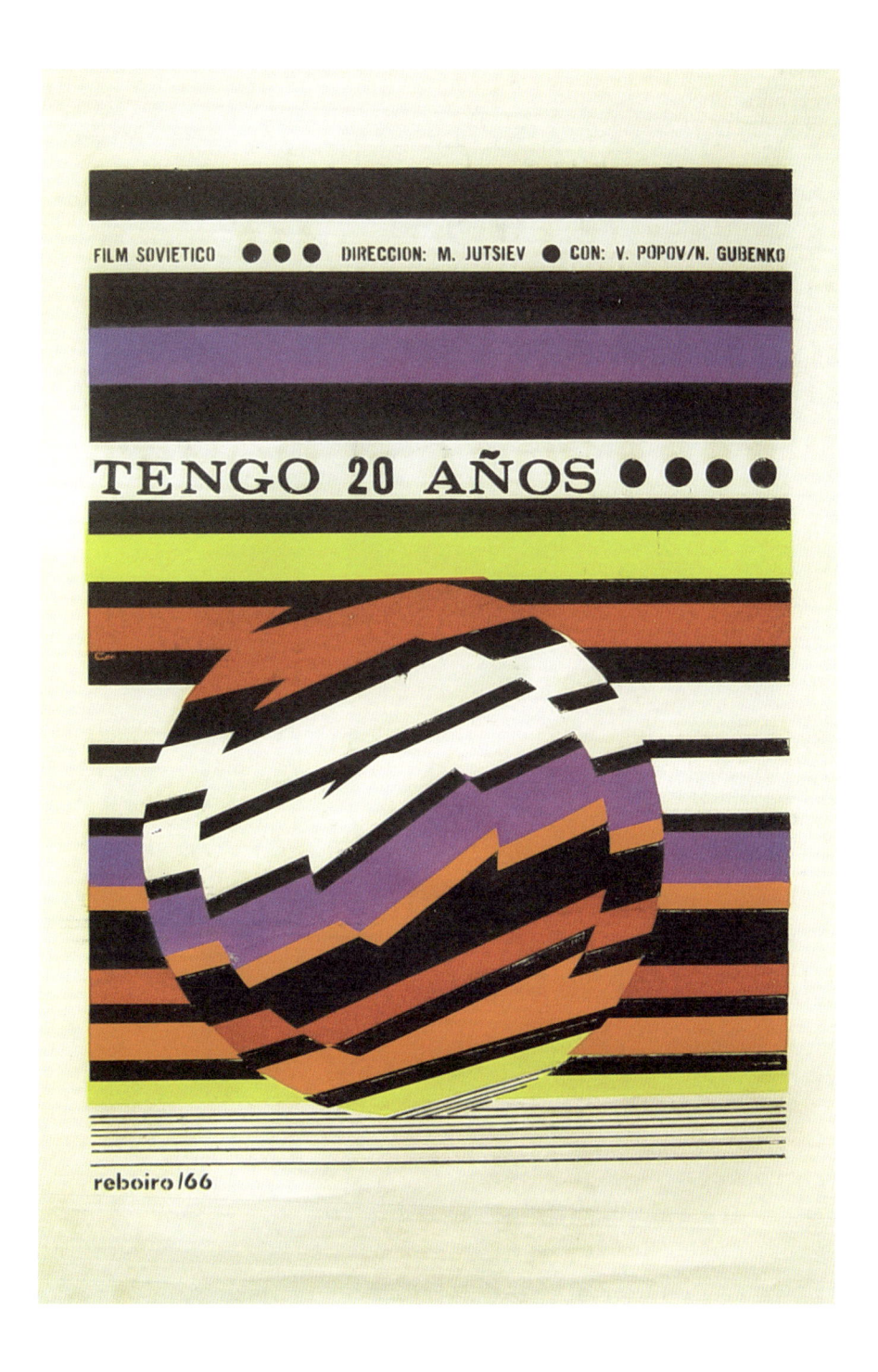

Tengo 20 años
Unión Soviética

I Am 20 Years Old
Soviet Union

un nuevo comienzo

DESCONOCIDO (UNKNOWN) • 1962

Recuerdos del corazón
Unión Soviética

Memory of the Heart
Soviet Union

a new beginning

EDUARDO MUÑOZ BACHS • 1961

Cuba baila
Cuba

Cuba Dances
Cuba

EDUARDO MUÑOZ BACHS • 1961

Realengo 18
Cuba

Crown 18
Cuba

a new beginning

EDUARDO MUÑOZ BACHS • 1963

Tigres en alta mar
Unión Soviética

Tigers on the High Seas
Soviet Union

un nuevo comienzo

FRANCISCO YÁNES MAYÁN • 1964

El sol en la red
Checoslovaquia

The Sun in Red
Czechoslovakia

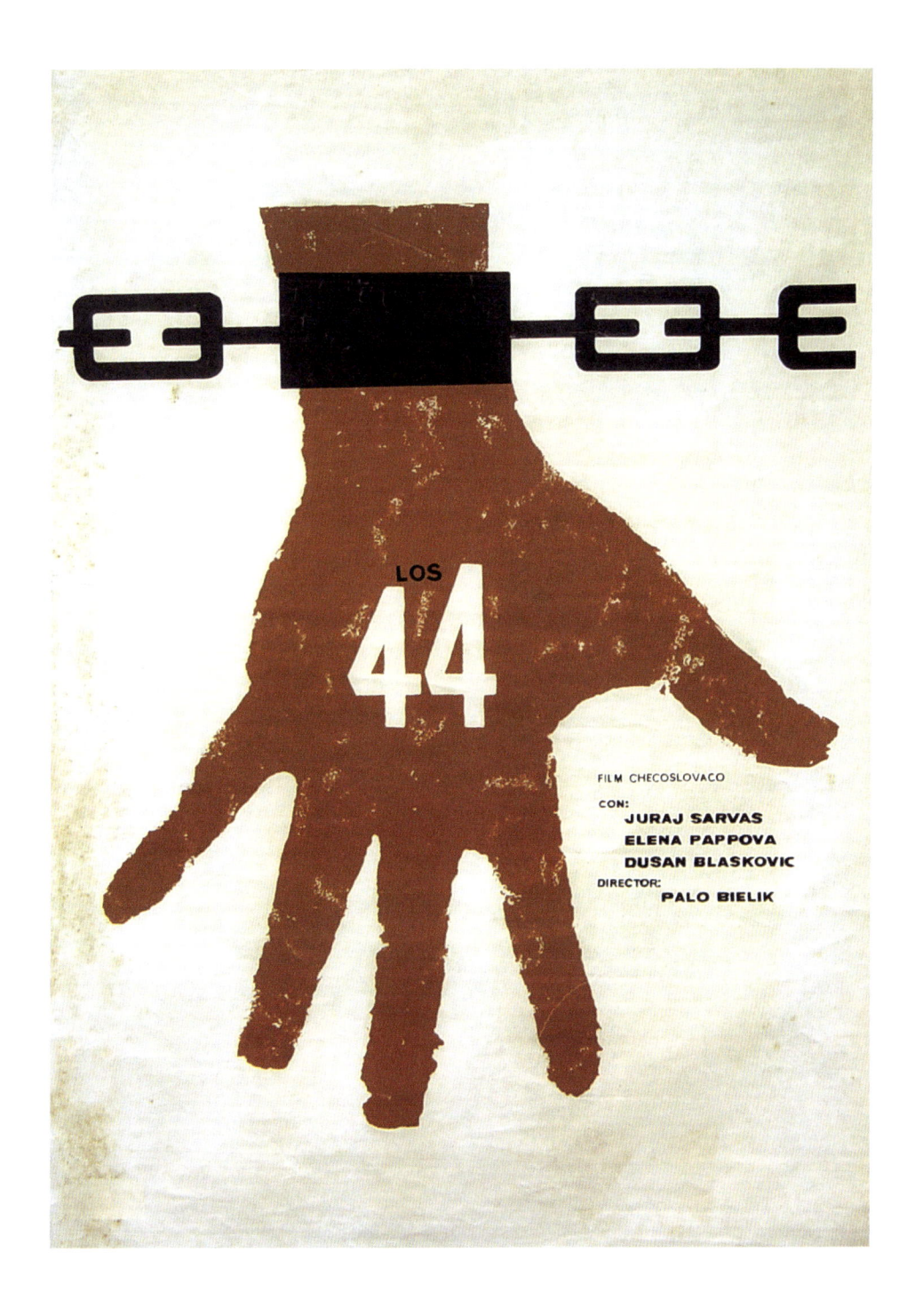

HOLBEÍN LÓPEZ • 1962

Los 44
Checoslovaquia

The 44
Czechoslovakia

un nuevo comienzo

HOLBEÍN LÓPEZ • 1962

Krakatit
Checoslovaquia

Krakatit
Czechoslovakia

76

a new beginning

JOSÉ LUCCI • 1964

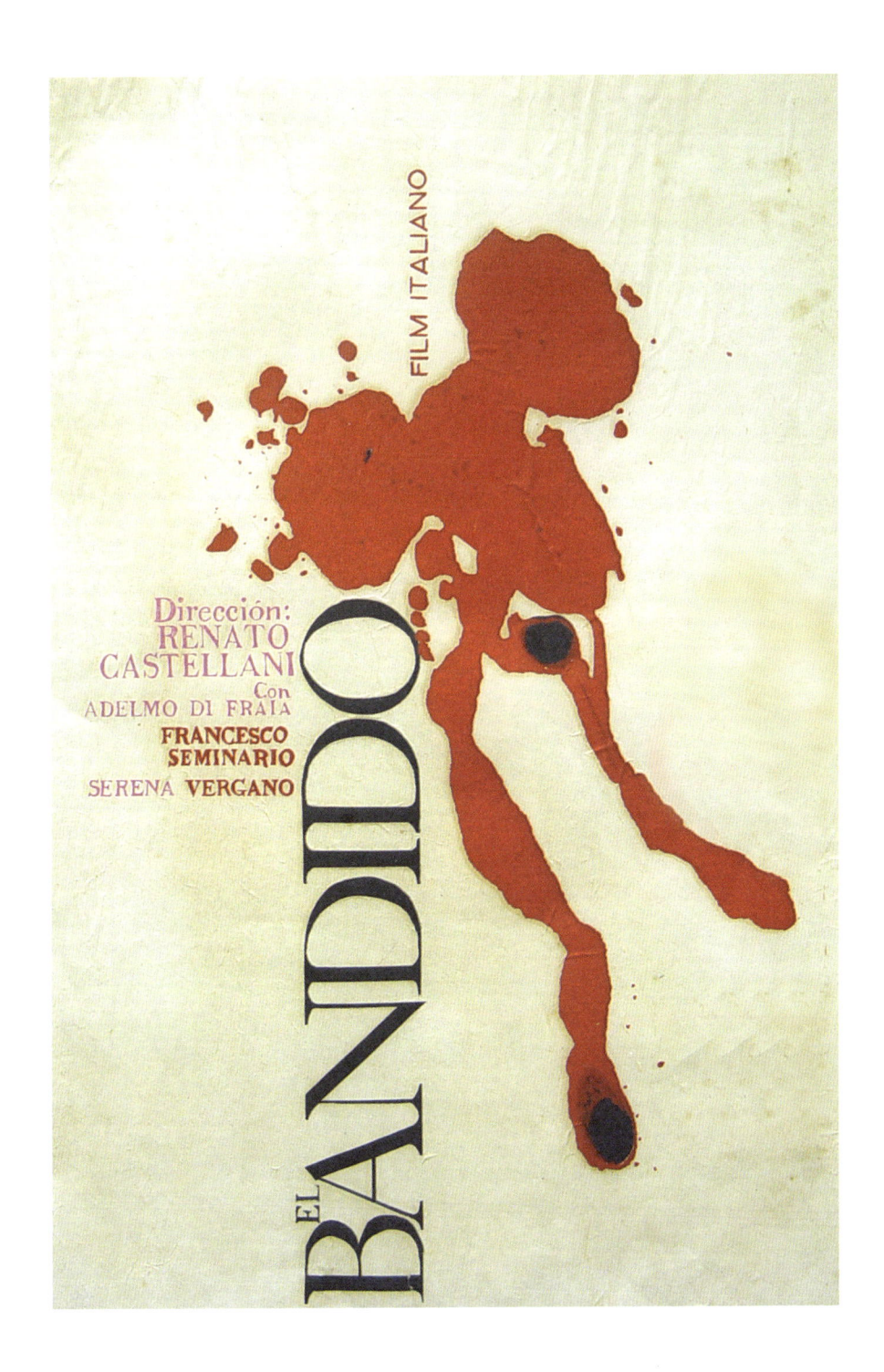

El bandido
Italia

Bandit
Italy

JULIO ELOY MESA PÉREZ • 1965

MIGUEL CUTILLAS · 1964

1, 2, 3, 4
Francia

1, 2, 3, 4
France

un nuevo comienzo

Dirección:
RENE CLEMENT
Con:
ALAIN DELON
MARIE LAFORET
MAURICE RONET
Coproducción franco-italiana

a pleno sol

MIGUEL CUTILLAS • 1964

A pleno sol
Francia

Purple Noon
France

MIGUEL CUTILLAS • 1965

El hombre que debía morir
Italia

The Man Who Burned to Death
Italy

un nuevo comienzo

MIGUEL CUTILLAS • 1964

Una muchacha de 16½
Alemania

A Girl of 16½
Germany

82

MIGUEL CUTILLAS • 1964

La pirámide humana
Francia

The Human Pyramid
France

un nuevo comienzo

RAFAEL MORANTE BOYERIZO • 1963

Alba de Cuba
Unión Soviética

Cuban Dawn
Soviet Union

RAFAEL MORANTE BOYERIZO • 1963

El cielo del báltico
Unión Soviética

The Baltic Sky
Soviet Union

un nuevo comienzo

RAFAEL MORANTE BOYERIZO • 1963

Cinco días y 5 noches
Unión Soviética

Five Days and 5 Nights
Soviet Union

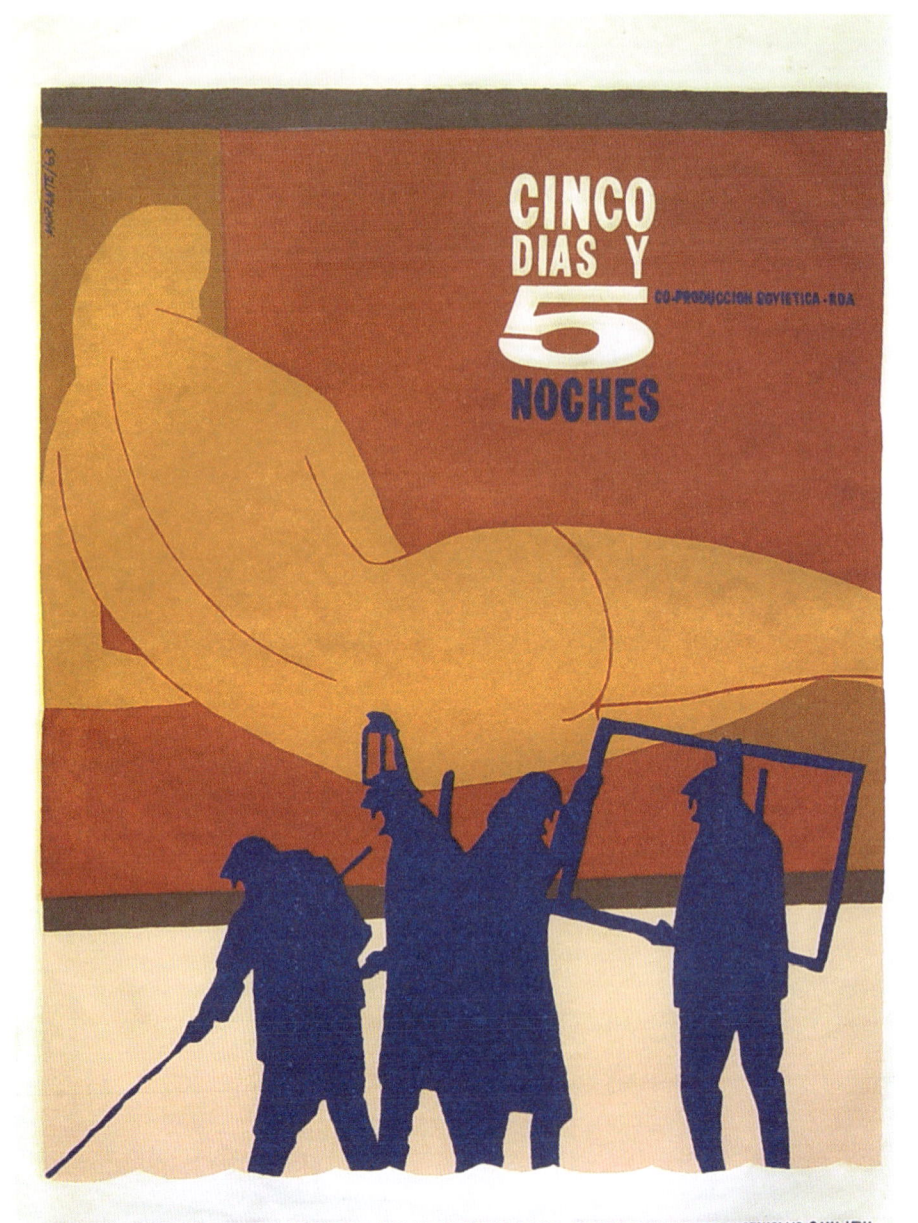

RAFAEL MORANTE BOYERIZO • 1963

Madre Juana de los Ángeles
Polonia

Mother Juana of the Angels
Poland

un nuevo comienzo

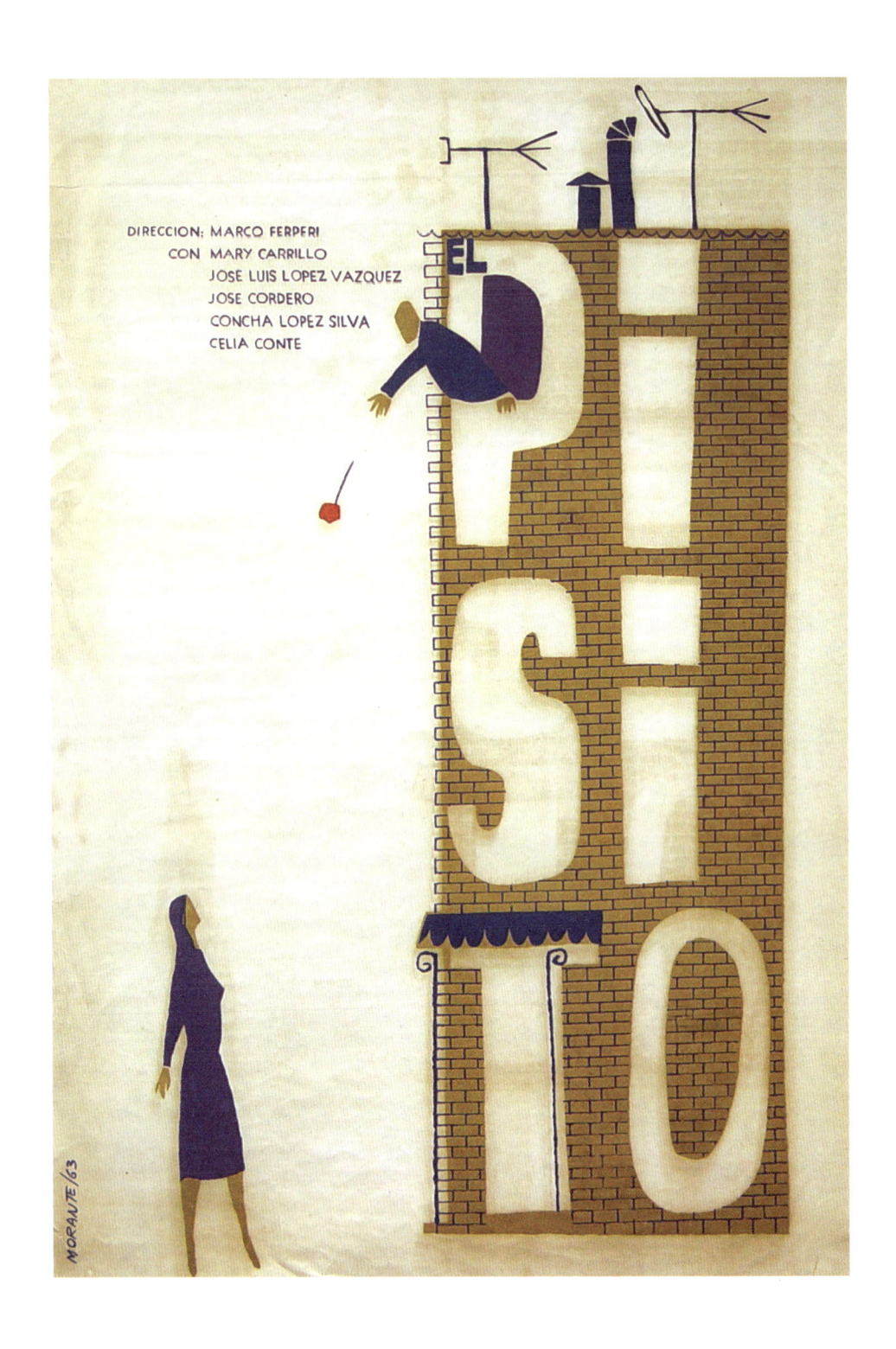

RAFAEL MORANTE BOYERIZO • 1963

El pisito
Italia

The Little Apartment
Italy

RAÚL MARTÍNEZ • 1965

Desarraigo
Cuba

Rootless
Cuba

RAYMUNDO GARCÍA PARRA • 1965

El alférez Cristina
Alemania

Second Lieutenant Cristina
Germany

RAYMUNDO GARCÍA PARRA • 1964

En la costa apacible
Bulgaria

On the Peaceful Coast
Bulgaria

RAYMUNDO GARCÍA PARRA • 1964

Lupeni 29
Rumania

Lupini 29
Romania

RAYMUNDO GARCÍA PARRA • 1964

Polonia express
Alemania

Poland Express
Germany

un nuevo comienzo

RAYMUNDO GARCÍA PARRA • 1964

Praga hora cero
Checoslovaquia

Prague Zero Hour
Czechoslovakia

94

RAYMUNDO GARCÍA PARRA • 1964

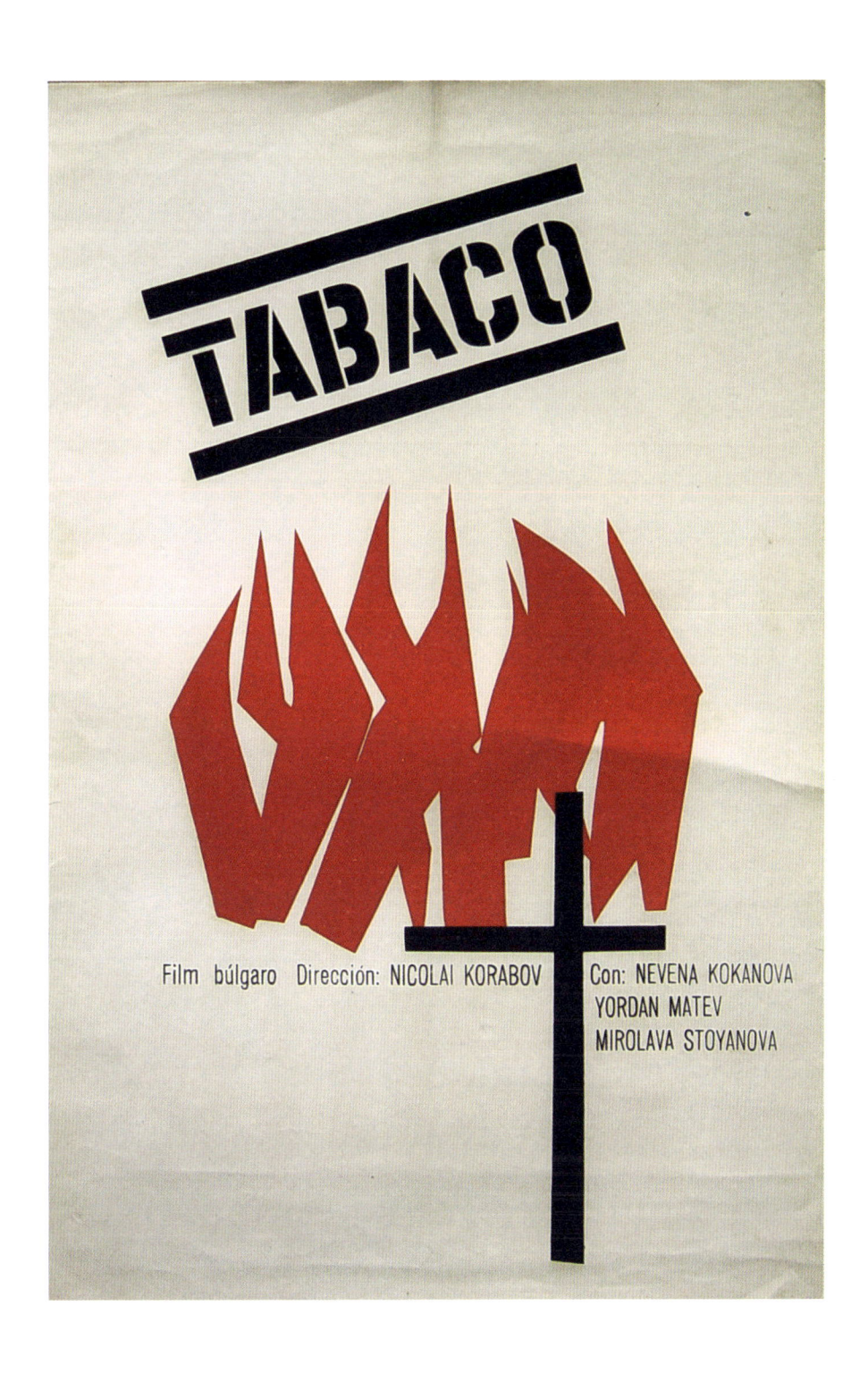

Tabaco
Bulgaria

Tobacco
Bulgaria

RAYMUNDO GARCÍA PARRA • 1966

El tanque T–34
Unión Soviética

Tank T–34
Soviet Union

RAYMUNDO GARCÍA PARRA • 1965

Temprano otoño
Yugoslavia

Temporary Autumn
Yugoslavia

un nuevo comienzo

RENÉ AZCUY CÁRDENAS • 1966

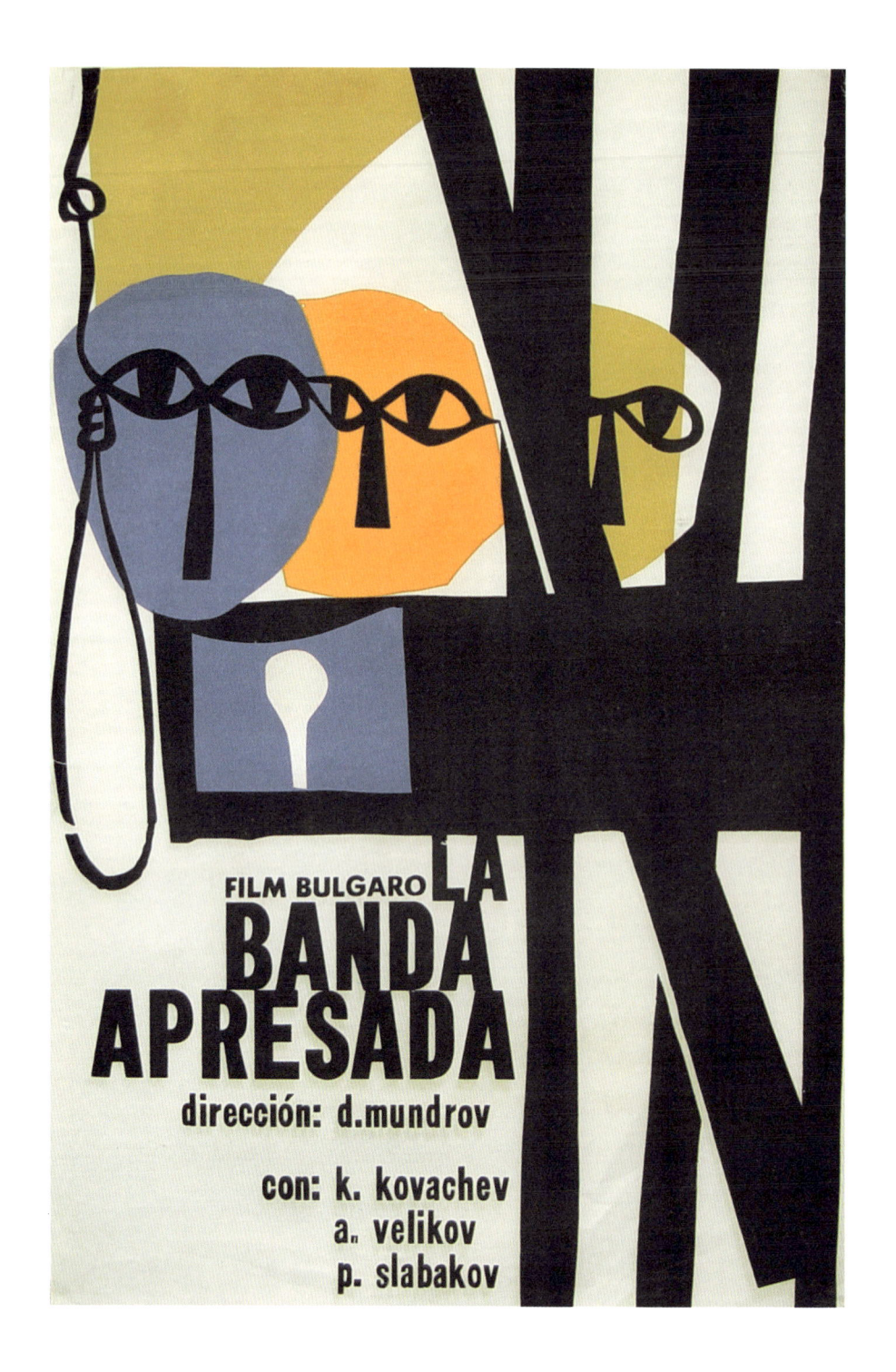

La banda apresada
Bulgaria

Captive Flock
Bulgaria

RENÉ AZCUY CÁRDENAS • 1965

La bella vida
Francia

The Good Life
France

RENÉ AZCUY CÁRDENAS • 1965

Diamantes en la noche
Checoslovaquia

Diamonds in the Night
Czechoslovakia

RENÉ AZCUY CÁRDENAS • 1966

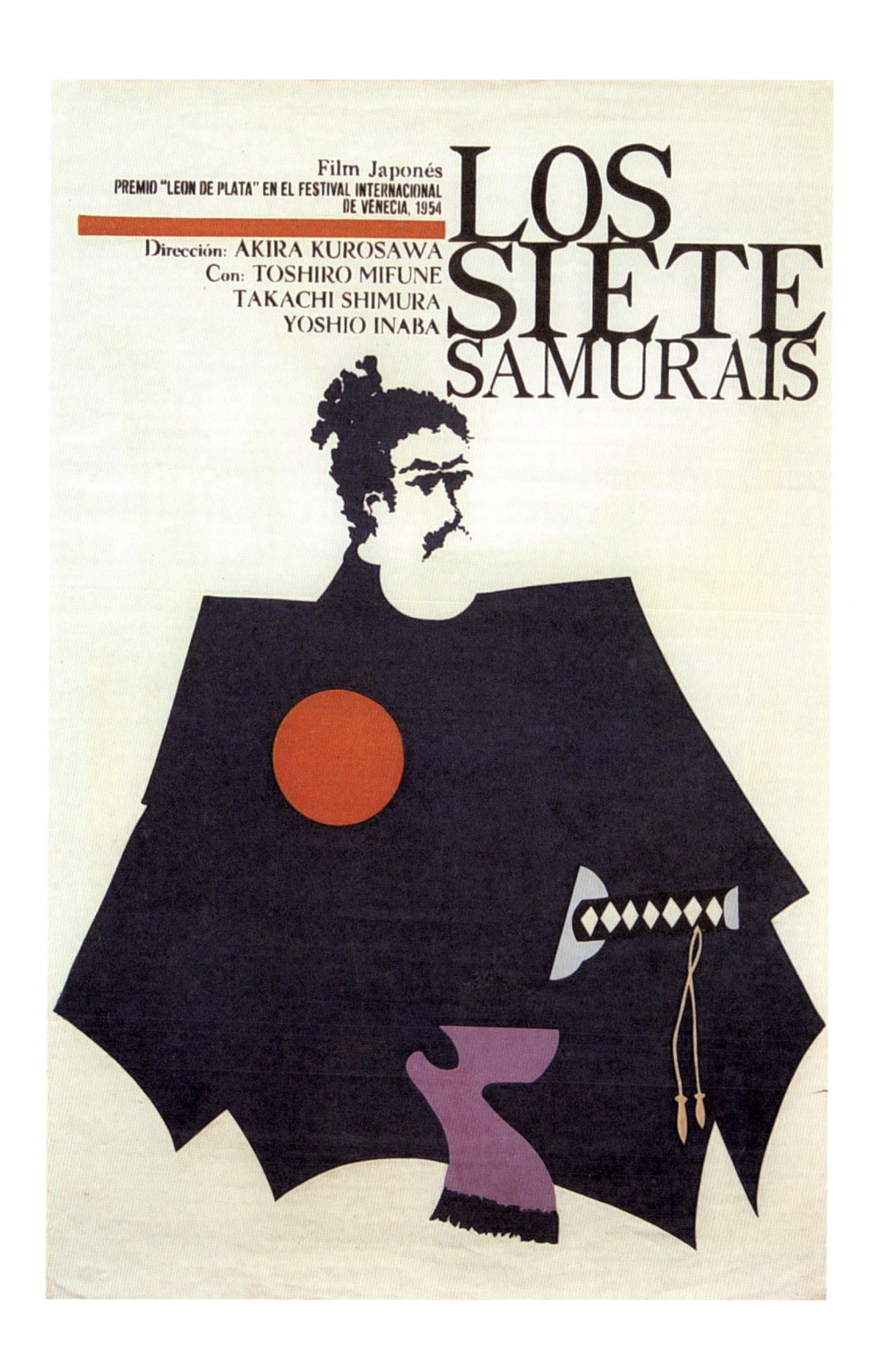

Los siete samuráis
Japón

Seven Samurai
Japan

un nuevo comienzo

RENÉ AZCUY CÁRDENAS • 1965

Sol rojo
China

Red Sun
China

RENÉ AZCUY CÁRDENAS • 1965

El verdadero fin de la guerra
Polonia

Night Train
Poland

un nuevo comienzo

RENÉ AZCUY CÁRDENAS • 1965

Week-ends
Polonia

Weekends
Poland

104

SILVIO GAYTÓN • 1964

Pickpocket
Francia

Pickpocket
France

un nuevo comienzo

SILVIO GAYTÓN • 1965

Transporte al paraíso
Checoslovaquia

Transport to Paradise
Czechoslovakia

106

ANTONIO FERNÁNDEZ REBOIRO • 1966

Las aventuras de Werner Holt
Alemania

The Adventures of Werner Holt
Germany

ALFREDO GONZÁLEZ ROSTGAARD • 1966

Cartouche
Francia

Cartouche
France

ALFREDO GONZÁLEZ ROSTGAARD • 1966

En cadenas
Checoslovaquia

In Shackles
Czechoslovakia

RAYMUNDO GARCÍA PARRA • 1966

La reineta dorada
Checoslovaquia

Golden Queen
Czechoslovakia

ALFREDO GONZÁLEZ ROSTGAARD • 1965

Atentado
Polonia

Attempt
Poland

un nuevo comienzo

RAYMUNDO GARCÍA PARRA • 1965

Carolina de Rieka
Yugoslavia

Queen Carolina
Yugoslavia

ALFREDO GONZÁLEZ ROSTGAARD • 1966

El cielo amenaza
Francia

Skies Above
France

un nuevo comienzo

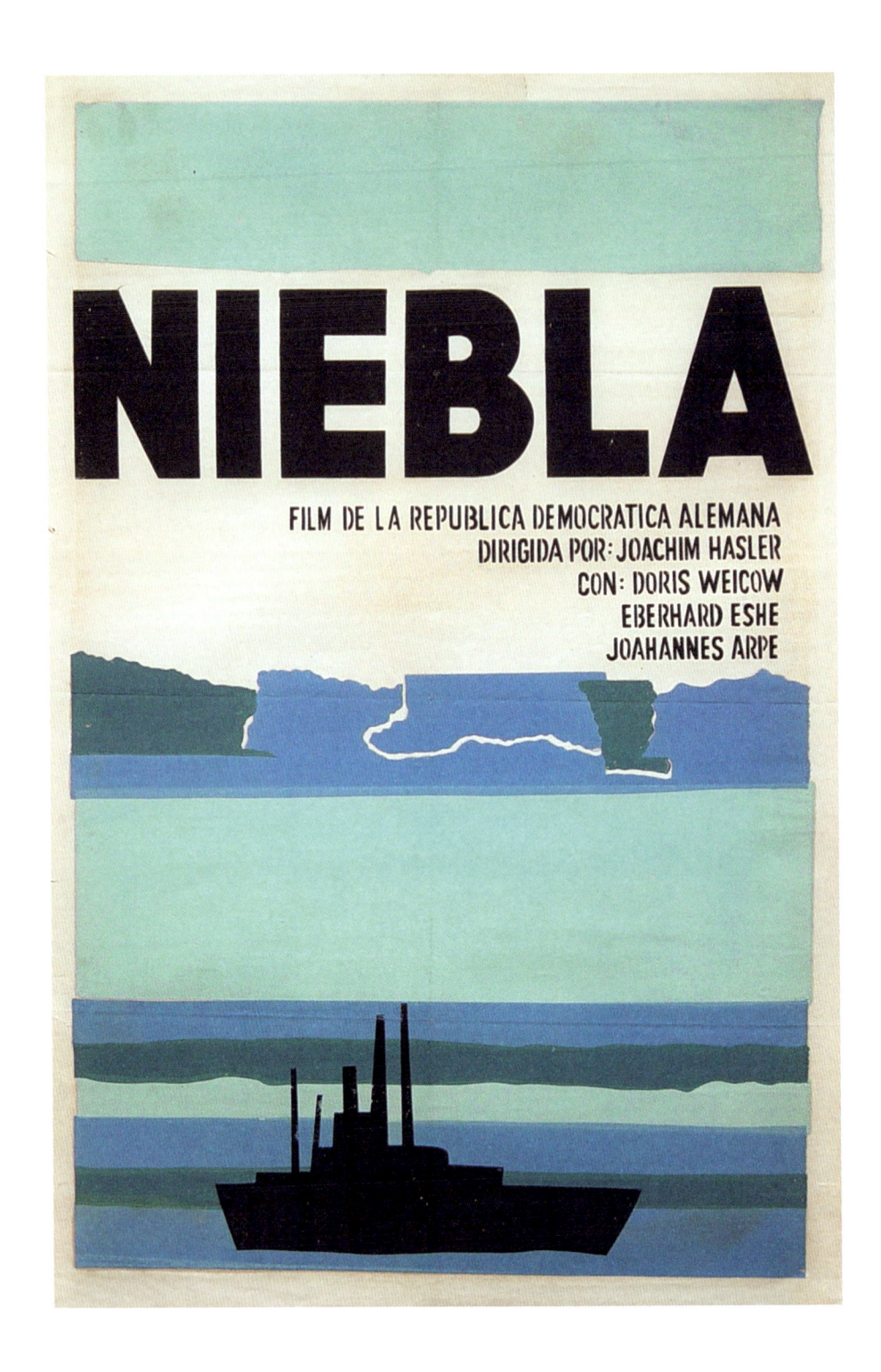

MIGUEL CUTILLAS • 1963

Niebla
Alemania

Fog
Germany

ANTONIO FERNÁNDEZ REBOIRO • 1964

Terciopelo negro
Alemania

Black Velvet
Germany

ANTONIO FERNÁNDEZ REBOIRO · 1965

a new beginning

ANTONIO FERNÁNDEZ REBOIRO • 1965

El helecho de oro
Checoslovaquia

The Golden Fern
Czechoslovakia

117

un nuevo comienzo

EDUARDO MUÑOZ BACHS • 1963

Amante a la medida
Francia

Love in the Afternoon
France

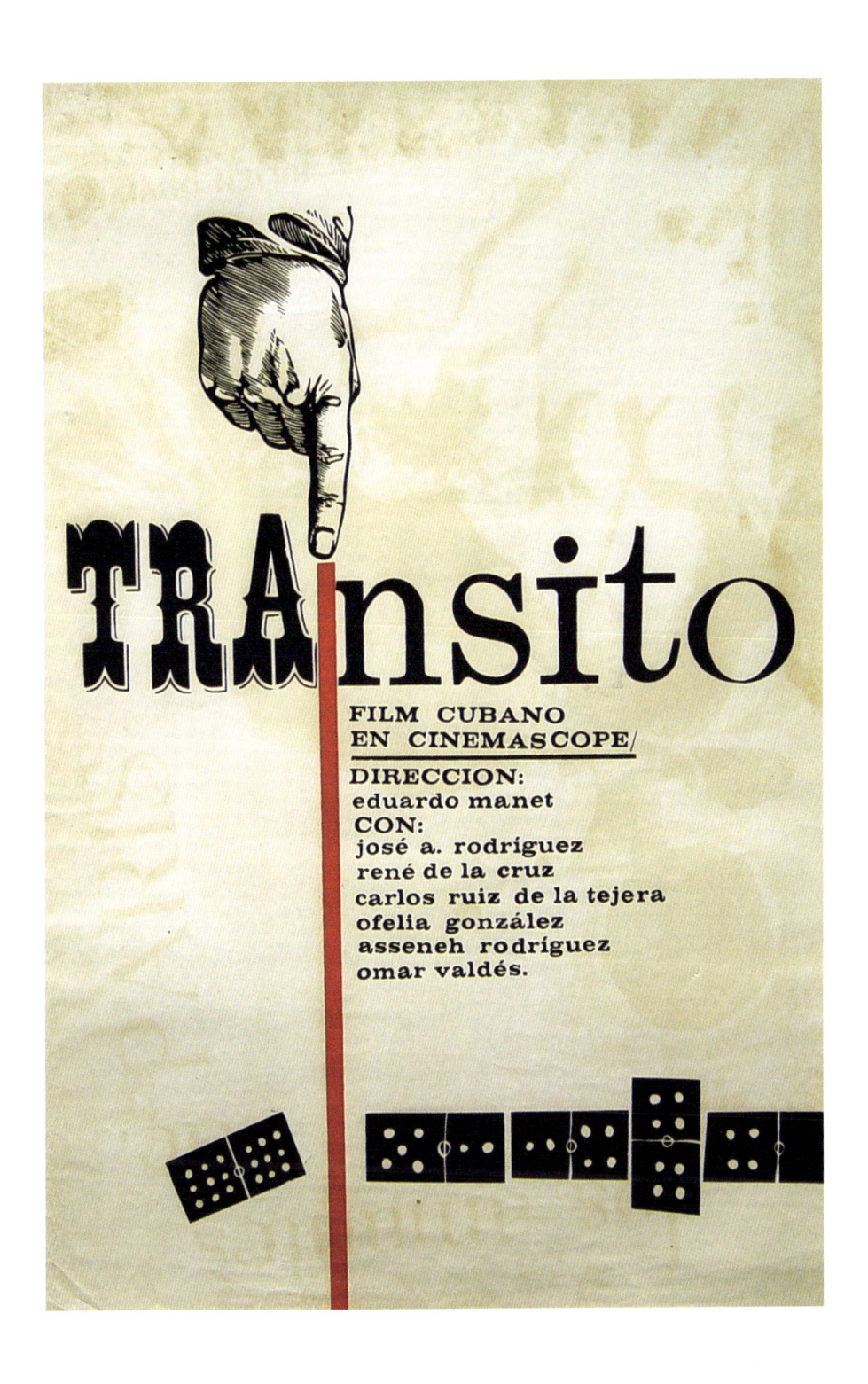

ANTONIO FERNÁNDEZ REBOIRO • 1964

Tránsito
Cuba

Transitions
Cuba

un nuevo comienzo

EDUARDO MUÑOZ BACHS · 1965

La furia de los vikingos
Italia

Erik the Conqueror
Italy

RENÉ AZCUY CÁRDENAS • 1964

El célebre 702
Rumania

The Famous 702
Romania

un nuevo comienzo

ALFREDO GONZÁLEZ ROSTGAARD • 1966

Papeles son papeles
Cuba

Papers Are Papers
Cuba

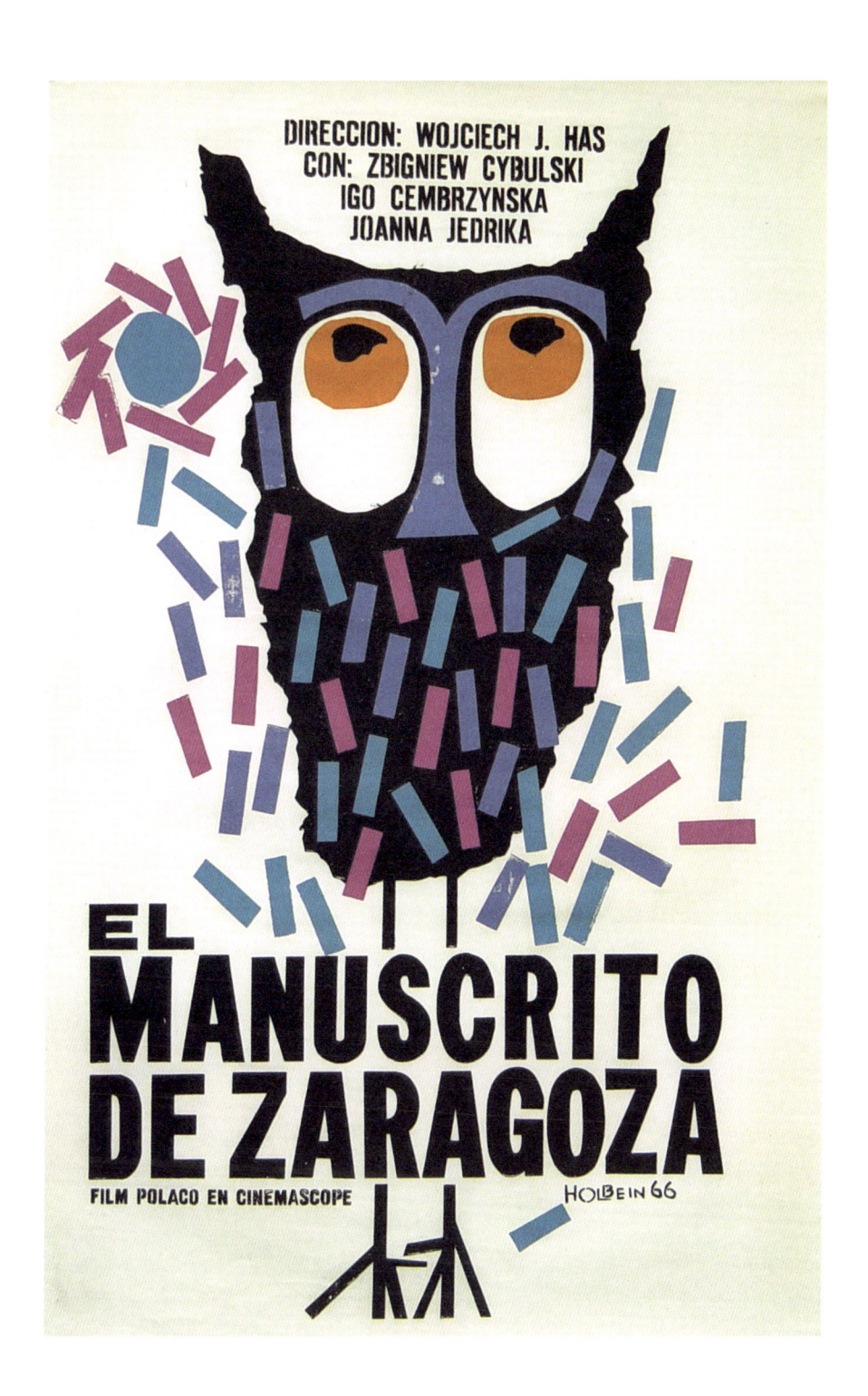

HOLBEÍN LÓPEZ • 1966

El manuscrito de Zaragoza
Polonia

The Saragossa Manuscript
Poland

un nuevo comienzo

ROBERTO QUINTANA ÁLVAREZ • 1966

No habrá divorcio
Polonia

There Will Be No Divorce
Poland

ANTONIO FERNÁNDEZ REBOIRO • 1964

Nosotros, la música
Cuba

Us, the Music
Cuba

preservación + circulación

preservation + circulation

1967–1974

FILM BULGARO   DIRECCION:- PETE
CON: STEFAN DANAILOV   SEVERINA

the depths of the cuban cinematheque are moving
SARA VEGA MICHE

THE CONCEPTS OF CONSERVATION AND RESTORATION ARE STILL relatively new in the majority of the world. Due to this fact, important losses have lamentably occurred concerning works on paper as there has been no clear awareness or resources to preserve them, even as important museum institutions today support well defined strategies along these lines. In the specific case of posters, traditionally conceived of as works of ephemeral value, the losses have proved to be even more considerable: Once these posters have fulfilled their objective of promoting films, ballet, theater, politics, homages, celebrations, etc., interest in the posters, save for their authors, researchers, experts, and collectors, is quickly lost, and they are thrown away.

In the particular case of Cuba, there is not an adequate preservation of artworks. Besides the high humidity index on the island, storage conditions are inadequate. Concerning the posters produced by and for ICAIC beginning in 1960, another factor worth considering is how the silk screening printing process used for all of the posters results in a more rapid deterioration of the printed material than off-set printed graphic works.

Very few posters completed for cinematographic promotion prior to the Revolution have been able to elude the setbacks of the passage of time, inadvertent destruction, misplacement, and simply being forgotten. Some, however, have successfully survived through the years, stored away in old movie theaters or zealously guarded in private homes by people with an interest in this type of artistic production. These posters conceived of for the promotion of both Cuban and foreign films after the formation of ICAIC have slowly fed what today constitutes the institute's library collection.

On March 24, 1959, just a few months after the triumph of the Revolution, the first law on national culture was declared, creating ICAIC. Among its main functions was the promotion of a new cultural, technical, and organizational type of graphic design for new cinematic works, different from what was being produced up to that point.

figura 1. Carteles de aniversarios y festivales, de la colección de la Cinemateca.

figure 1. Anniversary and festival posters from the Cinemateca Library.

cubana durante los primeros años de la década del sesenta, dentro de la cual la gráfica fue uno de los elementos que contribuyó a estas transformaciones al convertirse en centro de atención de creadores y de un público cada vez más activo e interesado.

La producción cinematográfica nacional tomó nuevos derroteros temáticos y formales: un nuevo cine cubano aparecía ante los ojos de todos. Asimismo, fue política del ICAIC un cambio en el espacio de exhibición respecto al cine extranjero, pues si hasta entonces las pantallas cubanas eran cautivas del cine norteamericano—y en menor medida del mexicano y el argentino—ahora se diversificaba hacia otras regiones del mundo con el propósito de poder exhibir los mejores títulos de la cinematografía universal.

Consecuentemente, este cambio en la política de exhibición originó un cambio sustancial en la manera de promocionar las películas. Los carteles producidos en el ICAIC, por tanto, se tornaron elementos imprescindibles en esta nueva política de promoción que no sólo abarcó las películas cubanas y extranjeras sino también aniversarios, homenajes, semanas de cine, muestras especiales, ciclos e incluso filmes que formaban parte de la programación habitual de la Cinemateca de Cuba: especialmente aquellos que contribuyeron a la formación de un nuevo público, tales como El acorazado Potemkin, El gabinete del Doctor Caligari, La madre, Tierra, Cine-ojo, Avaricia, entre otros.

Así pues, en la medida que el público elevaba su nivel en términos de historia y cultura cinematográficas, también apreciaba los nuevos carteles y elevaba, por consiguiente, su nivel estético-visual.

La cantidad de carteles iba en aumento años tras año, y por ello creció también la conciencia acerca de guardarlos y conservarlos a modo de colección en la Cinemateca de Cuba, institución creada en febrero de 1960 como un

ICAIC and other cultural institutions—the Casa de las Américas (House of the Americas) and the Consejo Nacional de Cultura (National Council on Culture) for instance—carried out profound transformations in Cuban visual culture during the first years of the 1960s. The graphic works from those years contributed significantly to this transformation, and ICAIC became the center of attention for creators, as well as for an increasingly active and motivated general public.

National cinematographic production took a new formal and thematic direction, and a new Cuban cinema was appearing before everyone's eyes. ICAIC changed its policy regarding the exhibition of foreign films, for up until then, Cuban film screens had mainly shown North American films, as well as Mexican and Argentine productions in lesser measure. ICAIC diversified into other regions of the world with the purpose of showing the best titles of universal cinema. Consequently, this change in the exhibition policy generated a substantial change in the manner the films were promoted. The posters produced at ICAIC turned out to be an indispensable component of this new policy for promotion that covered Cuban and foreign films, as well as thematic cinema celebrations.

Films that contributed to the formation of a new public audience include El acorazado potemkin (Battleship Potemkin, page 269), Tierra (Earth, page 288), and Avaricia (Avarice, page 162). To the extent that the public was elevating its level of knowledge in terms of cinematic history and culture, it also appreciated the new posters, thus contributing to an increase of their aesthetic-visual knowledge.

departamento adscrito al ICAIC, cuyo objetivo esencial fue, y es, la salvaguardia del patrimonio cinematográfico nacional y extranjero existente en el país. Este patrimonio se conformaba a partir de los fondos pertenecientes a distribuidoras nacionalizadas por el ICAIC a inicios de los sesenta y por las copias de los filmes extranjeros que llegaban a la Isla para ser exhibidos. Con el paso del tiempo comenzaron a crecer los archivos fílmicos de la institución y se dispuso de un pequeño pero valioso fondo de imágenes y documentos en papel. (figura 1)

No está de más aclarar que en la Cinemateca de Cuba se conserva hoy una modesta colección de carteles producidos con anterioridad a 1960, concebidos para promocionar filmes cubanos y extranjeros y en su mayoría impresos en serigrafía. También poseemos dos obras concebidas para la promoción de filmes cubanos, impresas en litografía en los Estados Unidos, pertenecientes al período silente.

Parte de los fondos corresponde a carteles llegados a la Isla acompañando a filmes extranjeros que comenzaban a exhibirse, tal como se dice arriba, pero que la dirección del ICAIC decidió no servirse de ellos sino sustituirlos por nuevos carteles concebidos por diseñadores cubanos. Dichos carteles producidos en Italia, China, Polonia, Checoslovaquia, Hungría y Japón fueron guardados y pasaron a formar parte del acervo grafico de la Cinemateca de Cuba desde los primeros años de su creación y hoy constituyen una colección algo errática por lo diversa e incompleta.

El volumen mayor de la colección corresponde, por supuesto, a los carteles del ICAIC que llevan la firma de Eduardo Muñoz Bachs, Antonio Fernández Reboiro, Rafael Morante, René Azcuy, Antonio Ñiko Pérez González, Alfredo Rostgaard. Ellos constituyen referentes obligados en la cartelística cubana de todos los tiempos. Igualmente poseemos obras de otros muchos diseñadores que, si bien no son tan conocidos o apenas son nombrados en publicaciones referidas al diseño cubano, forman parte del grupo que hizo posible afrontar el inmenso volumen de trabajo realizado durante los años sesenta y setenta. Entre ellos podemos nombrar a Aldo Amador, Francisco Yanes Mayán, Francisco Ruiz, Julio Eloy Mesa, Pedro M. González Pulido, Silvio Gaytón.

En este grupo menos conocido se hallan también importantes artistas a quienes les encargaron carteles, como los pintores cubanos Raúl Martínez, René Portocarrero, Servando Cabrera Moreno y extranjeros como el español Antonio Saura, el italiano José Lucci, más otros entre los que se encuentran el diseñador polaco Tadeuz, Jodorowsky y el brasileño Fernando Pimenta.

Forman parte también de la colección carteles realizados por diseñadores que colaboraron con el ICAIC más allá del período incial, durante los años noventa. Entre

The quantity of posters produced increased year after year, and by the same token, awareness arose about the need to store and preserve them in the form of a collection. The Cinemateca de Cuba was formed in February of 1960 as an adjunct department of ICAIC, with the essential objective to safeguard the foreign and domestic cinematic heritage existing within the country. This heritage includes film collections belonging to movie distributors nationalized by ICAIC in the early 1960s and copies of foreign films that arrived on the island. As time passed, the institute's film archives began to grow, and a small but valuable library collection of images and documents on paper was acquired (fig. 1, previous page).

It is not beyond mention that today the Cinemateca de Cuba holds a modest collection of posters produced from before 1960, most of them silk screen prints conceived for the promotion of Cuban and foreign films. It also possesses two lithographs printed in the United States for the promotion of Cuban films dating back to the silent film period. Part of the library consists of the posters that made their way onto the island in order to accompany the foreign films that were to be shown but that ICAIC decided not to use, opting instead to replace them with new posters created by Cuban designers. These unseen posters, produced in Italy, China, Poland, Czechoslovakia, Hungary, and Japan, were saved and went on to form part of the Cinemateca de Cuba's graphic legacy from the very first days of its inception. Today they make up a somewhat sporadic collection, due to their sundry and incomplete nature.

The greater bulk of the collection corresponds, of course, to ICAIC's own posters, bearing the signature of the likes of Eduardo Muñoz Bachs, Antonio Fernández Reboiro, Rafael Morante, René Azcuy, Antonio (Ñiko) Pérez, and Alfredo Rostgaard. The collection also includes works from many other designers who, even if not as well known and only mentioned in publications relating to Cuban graphic design, still form part of the group who made it possible to tackle the immense volume of work carried out during the 1960 and 1970s. Among these designers are Aldo Amador, Francisco Yanes Mayán, Francisco Ruiz, Julio Eloy Mesa, Pedro M. González Pulido, and Silvio Gaytón. Within this lesser known group also exist some important artists who were commissioned to make posters, such as Cuban painters Raúl Martínez, René Portocarrero, and Servando Cabrera Moreno. International artists also contributed, including Antonio Saura from Spain,

ellos se encuentran Ernesto Ferrand, Paris Vota, Irenaldo Fumero y un grupo considerable de diseñadores más jóvenes, egresados del Instituto Superior de Diseño, ISDI, los cuales pueden considerarse el relevo; es decir, los responsables de una nueva gráfica que emerge hoy con mucha fuerza en el ICAIC y que responden a los nombres de Nelson Ponce, Raúl Valdés, Osmany Torres, Michele Hollands, Claudio Sotolongo, Giselle Monzón, entre otros.

En la Cinemateca se conserva también una colección de diapositivas de carteles, las cuales han sido escaneadas y restauradas digitalmente para su mejor conservación y cuenta con un modesto acervo de fotografías de exposiciones de carteles realizadas en Cuba y numerosos países.

Otro fondo importante de esos archivos de papel lo constituyen hoy diversos recortes de prensa referidos a la gráfica cinematográfica cubana, a catálogos de exposiciones y a libros sobre el tema, así como curriculums de los diseñadores.

En otro aspecto de consideración, dentro de la amplia gama de estrategias para dar a conocer y "mover" los fondos de nuestra colección, se han llevado a cabo acciones concretas en el campo de la investigación gracias a la participación de gran número de estudiantes y especialistas de diversas instituciones educacionales y de otros sectores profesionales que consultan periódicamente la información digital acumulada, textos originales archivados y cualquier tipo de información aparecida en la prensa relacionada con el tema en Cuba y en el extranjero. Tal es el interés despertado por los carteles del ICAIC cuando se trata de concebir investigaciones sobre la gráfica producida en la isla.

Es curioso observar que a partir de los años sesenta, a medida que la producción de carteles crecía, la presencia de los mismos se incrementó en variados lugares públicos. Estos no sólo formaban parte, lógicamente, de la ambientación de vestíbulos en las salas cinematográficas sino también en espacios abiertos de la ciudad, al ser colocados en estructuras metálicas, a nivel peatonal, conocidas popularmente como paragüitas, y ampliados y reproducidos en vallas enormes para ser ubicadas en calles y avenidas. Con estas acciones, el público entraba en contacto diario con una nueva expresión visual y los carteles pasaban a formar parte del imaginario colectivo.

Los carteles del ICAIC, como fueron y han sido conocidos siempre desde aquellos años sesenta, se colocaron a la cabeza de las artes visuales en Cuba. Se constituyeron en paradigmas estéticos por su diferencia respecto al resto de la gráfica nacional, tanto política como cultural producida en el país, debido especialmente a su absoluta libertad formal, eficacia comunicativa, uso de una amplia gama cromática, evidente experimentación en cuanto a la apropiación de todo lo que sirviera para la

José Lucci from Italy, Tadeuz from Poland, and Fernando Pimenta from Brazil.

Also making up part of the collection are posters completed by graphic designers who collaborated with ICAIC during the 1990s, including Ernesto Ferrand, Paris Vota, Irenaldo Fumero, and a considerable group of even younger graphic designers who graduated from the Instituto Superior de Diseño (ISDI) and could be regarded as taking over for the older generation of designers. In other words, this new generation of graphic designers are responsible for a new visual rhetoric that is emerging today with great force at ICAIC. These designers answer to the names of Nelson Ponce, Raúl Valdés, Osmany Torres, Michele Hollands, Claudio Sotolongo, and Giselle Monzón, among others.

Another component of the Cinemateca is a slide collection of posters, all of which have been scanned and digitally restored for their better preservation. There is also a modest store of photographs from poster exhibitions carried out in Cuba and a number of other countries. Another part is a collection of paper records: press clippings relating to Cuban cinematic graphic work, exhibition catalogs and books, and designers' *curriculum vitae*, among other items.

It is important to mention a vast range of strategies is constantly under consideration for making known and circulating the libraries of the collection. Steps have been taken to aid in the field of research, thanks to the interest of a great number of students, professors, and other specialists who periodically consult the recorded digital information, original archived texts, and articles on the subject published in Cuba and abroad.

"ICAIC posters," as they always have been known, are placed at the forefront of visual arts in Cuba. They have contributed new aesthetic paradigms because of their difference with respect to the rest of the national graphic art produced in the country. This is due especially to their utter formal freedom, communicative effectiveness, use of a wide range of colors, and evident experimentation with regard to the appropriation of anything that might serve to communicate a message via the standard poster format of 20 x 30 inches. and silk screen printing. The standard poster size has accorded ICAIC's posters a rather particular trademark, texturally speaking, and has influenced other Cuban designers who, even when designing for off-set printing, has conceived of their works beginning with the use of flat colors.

comunicación de un mensaje, formato estándar de 51 x 76 centímetros e impresión serigráfica. Este último elemento le aportó a los carteles del ICAIC un sello muy particular en cuanto a texturas e influyó a otros creadores que, aun cuando diseñaban para impresión off-set, concebían sus obras a partir de la utilización de colores planos.

Los carteles del ICAIC propiciaron el boom de la cartelística cubana a nivel internacional. Comenzaron a ser admirados por su impacto visual y conservados por su alta significación artística, muchas veces comparable a una obra de arte en el sentido convencional del término.

Numerosos de estos carteles pertenecientes a los fondos de la Cinemateca han sido expuestos en exposiciones en Cuba y otras partes del mundo, ya que resultan efectivos no sólo para el público cubano sino también para el de otras latitudes. Expuestos, observados y analizados con notable interés por expertos y públicos diversos, han obtenido premios en certámenes internacionales y forman parte hoy de valiosas colecciones privadas y estatales.

La Cinemateca de Cuba ha valorado significativamente su acervo sobre la base de una innegable e ininterrumpida labor al mostrar periódicamente sus fondos (tanto fílmicos como de papel) lo mismo en cuanto a su programación habitual cinematográfica como en todo lo referido a curaduría de exposiciones de carteles.

Aunque la conservación y restauración de la gráfica del ICAIC no ha podido sostenerse debido a dificultades de índole económica, la Cinemateca de Cuba ha hecho todo lo posible por establecer, contra viento y marea, una estrategia cultural a corto y largo plazo que tome en cuenta, como eje central, "mover" sus fondos a través de la exhibición periódica de los mismos. Entre las exposiciones realizadas en los últimos años vale la pena destacar La otra imagen del cine cubano (1997) en la que, por primera vez, se exhibieron carteles producidos con anterioridad a 1959: *La manigua o La mujer cubana* (1915), *El veneno de un beso* (1929) pertenecientes al periodo silente, junto a otros producidos durante los años treinta, cuarenta y cincuenta del pasado siglo: *Sucedió en La Habana* (1938), *Mi tía de América* (1939), *María la O* (1947), *Siete muertes a plazo fijo* (1950), algunos de los cuales fueron restaurados especialmente para la ocasión. Conjuntamente fueron expuestos, en la misma sala, carteles producidos por el ICAIC después de los años sesenta, con el fin de establecer comparaciones entre uno y otro período.

Desde la Cinemateca también se han convocado concursos con el fin de revitalizar y estimular la gráfica cinematográfica. En 1999 se organizó la muestra *Ayer y hoy. Carteles cubanos de cine*, la cual propició una experiencia comparativa, a la que el tiempo transcurrido aportó nuevas herramientas y valoraciones, tanto en el diseño como en la interpretación de los filmes.

A great many of the posters belonging to the Cinemateca's libraries have been shown in exhibitions in Cuba and other parts of the world, seeing as they have proven useful not only for the Cuban public but also for other latitudes of the globe. Exhibited, observed, and analyzed with notable interest by a wide range of experts and members of the public, they have received prizes in international competitions, and today form part of valuable private and state collections.

The Cinemateca de Cuba has given significant value to its store of materials on the basis of an undeniable and uninterrupted task of periodically showing its library of collections—both on film and on paper. The same is true of its ordinary scheduling of film screenings and for everything and anything related to the curating of poster exhibitions.

Although the preservation and restoration of ICAIC's graphic works have not been able to sustain the full development of potential due to hardships of an economic nature, the Cinemateca de Cuba has done everything possible to establish, against all odds, short- and long-term cultural strategies that take into account, as their linchpin, "moving" its library collections through the periodic exhibition of these works.

Among the exhibitions put together in the past years, it is worth mentioning *La otra imagen del cine cubano* (*The Other Image of Cuban Cinema*, 1997), in which movie posters that were produced before 1959 were shown for the first time, including: *La manigua o la mujer cubana* (*The Jungle or the Cuban Woman*, 1915) and *El veneno de un beso* (*The Venom of a Kiss*, 1929), both belonging to the silent period. Examples from 1930 through 1950 include: *Sucedió en la habana* (*It Happened in Havana*, 1938), *Mi tía de américa* (*My Aunt from America*, 1939), *María la o* (*Mary Or*, 1947), and *Siete muertes a plazo fijo* (*Seven Fixed Term Deaths*, 1950), some of which were specially restored for the occasion. Jointly exhibited, in the same theater, were posters produced by ICAIC from after the 1960s, with the aim of establishing comparisons between the two periods.

The Cinemateca has also announced contests aiming to revitalize and stimulate cinematic graphic arts, such as the 1999 show, *Ayer y hoy: carteles cubanos de cine* (*Yesterday and Today: Cuban Movie Posters*), which is described in the previous essay. In 2000, during the celebration of the 7th Biennial in Havana, the Cinemateca de Cuba organized an event entitled *Arte y comunicación: carteles cubanos de cine* (*Art and

Esta muestra fue resultado de la participación de jóvenes estudiantes del ISDI en el concurso, quienes asumieron el diseño de carteles para filmes cubanos realizados entre 1906 y 1999. Los carteles fueron escogidos por un jurado de expertos constituido por dos diseñadores que en su momento colaboraron con el ICAIC: Alfredo Rostgaard y Rafael Morante y por el crítico de arte Nelson Herrera Ysla. Las obras participantes y premiadas fueron impresas en serigrafía y exhibidas junto a los carteles originales que realizaron con anterioridad, para el estreno de los filmes, Eduardo Muñoz Bachs, Raúl Martínez, René Azcuy, Antonio Fernández Reboiro, Antonio Ñiko Pérez González y otros.

En el año 2000, durante la celebración de la Séptima Bienal de La Habana, la Cinemateca de Cuba fue invitada a participar en el evento mediante la organización de una exposición titulada *Arte y comunicación: Carteles cubanos de cine*, expuesta en el antiguo convento de San Francisco de Asis, en La Habana.

En el marco de las diversas ediciones anuales de la *Muestra de Nuevos Realizadores*, la Cinemateca ha curado exposiciones de carteles con el fin de marcar el impacto que sigue teniendo la gráfica producida para el ICAIC y darla a conocer, especialmente, a un público en su mayoría joven.

En 2005, a propósito de la celebración del 45 aniversario de la institución, se realizó *La Cinemateca en el cartel*, en la que se mostraron carteles del viejo cine cubano conjuntamente con carteles realizados para aniversarios y ciclos de filmes de la Cinemateca, más el resultado de un concurso para jóvenes diseñadores que concibieron obras en homenaje a la institución.

Otra de las exposiciones notables resultó Carteles de relevo, integrada por 54 obras realizadas desde 1989 hasta

Communication: Cuban Film Posters), which was shown in the former convent of San Francisco of Assisi in Havana.

In 2005, for the purpose of celebrating the ICAIC's 45th anniversary, *La Cinemateca en el cartel (The Film Library in Posters)* was organized, which showed old posters of Cuban cinema in conjunction with posters designed for anniversaries and film cycles at the Cinemateca. Also included were the results of a contest for young designers who conceived artworks in homage to ICAIC.

Another notable exhibition was *Carteles de relevo (Relief Posters)*, incorporating 54 artworks completed from 1989 through today, with the objective of displaying the hard work of a group of new graphic designers—nearly all whom graduated from ISDI.

At ICAIC's Centro Cultural Cinematográfico, the show *Fabulosos 60* (Fabulous 60) was curated in 2007, comprising 50 promotional posters for Cuban and foreign films chosen from among its libraries.

Recently, as a tribute to ICAIC's 50th anniversary, the exhibition *50 y más: retrospectiva 1960–2009 (50 and Older: Retrospective, 1960–2009)* was put together to show 100 posters produced by the institute during that period. Among these posters appeared works by upcoming young graphic

figura 2. izquierda: *El maná*, diseñado por Nelson Ponce.
derecha: *El propietario*, diseñado por *Raupa*.

figure 2. left: *Manna*, designed by Nelson Ponce.
right: *The Proprietors Rio*, designed by RAUPA.

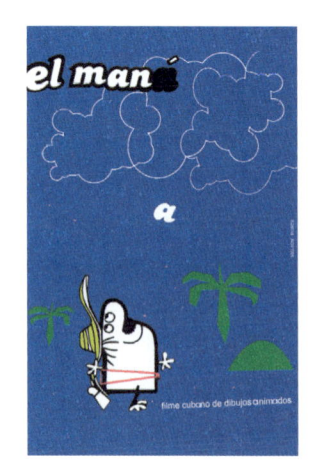

hoy con el objetivo de mostrar la labor de un grupo de nuevos diseñadores—casi todos egresados del ISDI—interesados en afrontar la realización de carteles en serigrafía.

En 2007 se realizó, en el Centro Cultural Cinematográfico del ICAIC, la muestra Fabulosos 60, compuesta por 50 carteles escogidos de nuestros fondos para la promoción de filmes cubanos y extranjeros y que fueron realizados durante la que es considerada la "época dorada" del cartel cinematográfico.

Recientemente, en homenaje al 50 aniversario del ICAIC, se llevó a cabo la exposición 50 y más. Retrospectiva 1960–2009 con 100 carteles producidos por la institución durante ese período y en la que aparecen obras de diseñadores muy jóvenes: Giselle Monzón, Michelle Mijares Hollands, Nelson Ponce, Raúl Raupa Valdés, Claudio Sotolongo, entre otros (figura 2).

También en la Cinemateca de Cuba se han curado muestras de carteles para ser expuestas en el extranjero: ¡Propaganda!, Galería AIGA de Nueva York (2001); Poster desde una isla, Festival Internacional de Cine de Estambul (Turquía, 2004); Imágenes de cine: Eduardo Muñoz Bachs (Museo Valenciano de la Ilustración y la Modernidad (Valencia, España. 2006); Soy Cuba . . . de cierta manera, (Canadá, 2009), entre otras.

Desde el punto de vista de la investigación y la promoción se han llevado a cabo otras acciones: entre ellas vale la pena destacar la organización, catalogación y documentación de los fondos de la Cinemateca de Cuba referidos a la gráfica, conjuntamente con el análisis de libros y publicaciones periódicas, así como la curaduría de exposiciones en Cuba y el extranjero, que han derivado en investigaciones que hoy permiten historiar antecedentes, influencias y el desarrollo de la gráfica realizada para el cine en la isla. Estas acciones finalmente se concretaron en el libro *La otra imagen del cine cubano* (1997), escrito por las especialistas Sara Vega y Alicia García, el cual contiene un ensayo sobre los orígenes, evolución e historia de la gráfica cinematográfica insular producida con anterioridad a 1960 y una recopilación de importantes artículos de Alejo Carpentier, Adelaida de Juan, Edmundo Desnoes, Nelson Herrera Ysla y Marisol Trujillo, más reproducciones de 50 carteles.

Otra investigación más amplia y profunda sobre el tema fue abordada por estas especialistas en su libro *Carteles son: carteles del ICAIC, estudio y análisis de la gráfica cinematográfica en Cuba desde los inicios del cine en la Isla hasta la actualidad* (1900–2006), editado y en espera de su impresión.

Todas estas investigaciones han posibilitado el enriquecimiento, restauración, catalogación y documentación de una base digital que permitió enfrentar la realización, tres años atrás, de una multimedia de igual

designers: Giselle Monzón, Michelle Mijares Hollands, Nelson Ponce, Raúl Valdés (RAUPA), and Claudio Sotolongo, among others (fig. 2).

International poster shows have also been curated by the Cinemateca de Cuba: ¡Propaganda!, (*Propaganda!*, AIGA, New York 2001), *Poster desde una isla* (*Poster From an Island*, Istanbul International Film Festival, Turkey, 2004), *Imágenes de cine: eduardo muñoz bachs* (*Film Images: Eduardo Muñoz Bachs*, Museo Valenciano de la Ilustración y la Modernidad, Valencia, Spain, 2006), and *Soy cuba . . . de cierta manera* (*I am Cuba . . . in a Certain Way*, Canada, 2009), among others.

The interest in Cuban posters since 1960 has paved the way for historical documentation of all aspects of these posters including design forerunners, influences, and development. These activities were finally given tangible form in the book *La otra imagen del cine cubano* (*The Other Image of Cuban Cinema*, 1997), written by poster specialist Alicia García and myself. In addition to showing reproductions of 50 posters, this book contains an essay on the origins, evolution, and history of cinematic graphic works on the Island produced before 1960, as well as a compilation of important articles by Alejo Carpentier, Adelaida de Juan, Edmundo Desnoes, Nelson Herrera Ysla, and Marisol Trujillo.

Another more ample and in depth investigation was tackled by the same authors in their manuscript—awaiting print run—*Carteles son: carteles del ICAIC* (*Posters Are: Posters of ICAIC*), which is an analysis and study of cinematic graphic work in Cuba from the beginnings of cinema through 2006. Claudio Sotolongo used these two books as the basis for creating a digital database and multimedia publication containing this content. This project served as his thesis during his time as a student at ISDI in Havana. He collaborated with computer programming students from the Universidad de Ciencias de la Información, also in Havana, in order to compose a digital library that contains more than 1,000 images, texts relating to the history of cinema promotion in Cuba, and three documentaries: *Carteles son cantares* (*Posters are Musical*, 1979) by Constante Rapi Diego, *El cine y yo* (*Cinema and Me*, 1995) by Mayra Vilasis, and *Silk Screen*, 2004, by Pavel Giraud.

This database offers valuable information to anyone consulting it for the title of a work, year of production, nationality of a film, the film's director, the poster designer, and the poster media and size. Piecing together this data has been a long and sustained effort, due to the need to obtain works on loan belonging to both individuals and other

título, que sirvió de base y se concretó en el trabajo de graduación del entonces alumno Claudio Sotolongo en el Instituto Superior de Diseño (ISDI) en La Habana. A su vez, permitió una vinculación estrecha con alumnos de la Universidad de Ciencias de la Información (UCI), de La Habana, para realizar la programación de dicho multimedia, que contiene más de 1000 imágenes, textos referidos a la historia de la promoción cinematográfica en Cuba y tres documentales: *Carteles son cantares* (1979), de Constante Rapi Diego, *El cine y yo* (1995), de Mayra Vilasis y *Silk screen* (2004), de Pavel Giraud.

Como resultado de todo este trabajo investigativo y promocional, se estableció una base digital con el fin de constituir un fondo importante de información no sólo para la Cinemateca de Cuba sino para el ICAIC, ya que ofrece datos valiosos a cualquier consultante sobre los títulos de las obras, año de producción, nacionalidad del filme, del director, nombre del diseñador del cartel, técnica de impresión y medidas. Completar los datos ha sido un trabajo largo y sostenido debido a la necesidad de obtener préstamos de obras pertenecientes tanto a individuos como a instituciones, que luego debieron ser fotografiadas y restauradas digitalmente. Aún cuando esta información, tanto la referida a las imágenes como a los datos de las obras, aún se encuentra incompleta, constituye en la actualidad una referencia documental de consulta obligada para cualquier estudio sobre los carteles del ICAIC.

Gracias también a la existencia de ese fondo digital, recientemente se ha concluido el libro *Ciudadano cartel*, una compilación de toda la información sobre la gráfica producida por el Instituto Cubano del Arte e Industria Cinematográficos (ICAIC), desde 1960 hasta 2008, que contempla la promoción de filmes cubanos y extranjeros, semanas de cine, ciclos, muestras y retrospectivas de la Cinemateca de Cuba, aniversarios, homenajes a directores, festivales y exposiciones, entre otros eventos, y contiene, además, tres ensayos que evalúan críticamente esta producción visual de más de cincuenta años.

Por otra parte, en 2007 y a petición de la Vicepresidencia de Patrimonio del ICAIC, la espccialista Sara Vega y el diseñador Claudio Sotolongo participaron del guión, asesoraron y aportaron las imágenes digitales necesarias para el documental *Poética gráfica insular* (figura 3), realizado y dirigido por Rolando Almirante, y exhibido en el marco del Congreso Internacional de ICOGRADA, celebrado ese mismo año en La Habana. Este documental es un intento de historiar, en aproximadamente veinte minutos, la importancia de la gráfica cinematográfica de la isla.

En febrero de 2010, la Cinemateca de Cuba arribó a su cincuenta aniversario. En homenaje a la institución, Sara Vega y Claudio Sotolongo convocaron al concurso para jóvenes diseñadores bajo el nombre de Filmes clásicos

institutions. While this information, both relating to the images and the details of each piece of art, remains to be totally collected, it still constitutes a reference document of obligatory consultation for anyone taking on a study of ICAIC's posters.

The book *Ciudadano cartel (Citizen Poster)* was recently brought together through the use of this database. It contains all of the information on graphic artworks produced by ICAIC from 1960 until 2008, and highlights the promotion of Cuban and foreign films, cinema weeks, film cycles, the Cinemateca de Cuba's spotlights and retrospectives, anniversaries, special director tributes, festivals, and exhibitions. Additionally, the book contains three essays that critically evaluate this visual production.

On the other hand, in 2007, at the petition of the Vice President of Cultural Heritage at ICAIC, Claudio Sotolongo and I participated in writing and editing the documentary *Poética gráfica insular (Graphic Island Poetics,* fig. 3). Produced and directed by Rolando Almirante, and shown within the framework of the ICOGRADA World Design Congress, this 20-minute documentary summarizes the importance of cinematic graphic work on the island.

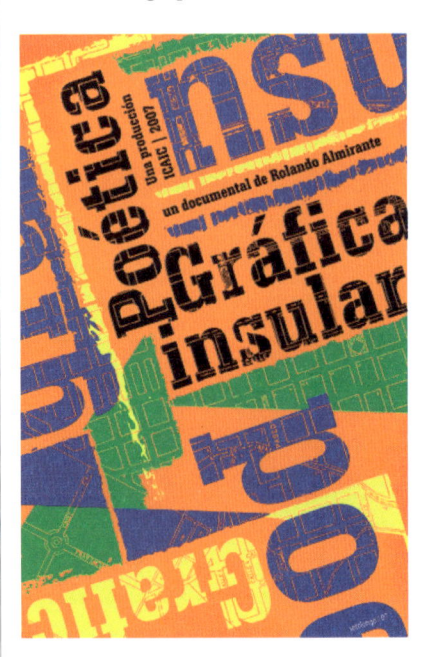

figura 3. *Poética gráfica insular*, diseñado por Claudio Sotolongo.

figure 3. *Graphic Island Poetics*, designed by Claudio Sotolongo.

In February 2010, the Cinemateca de Cuba arrived at its 50th anniversary. As an homage to the institute, Claudio and I announced a contest for young graphic designers under the name *Filmes clásicos: diseño contemporáneo (Classic Films: Contemporary Design)*, the purpose of which was to present poster proposals for classic films of universal cinema. A jury selected 24 final posters

Diseño contemporáneo, cuyo propósito fue la presentación de propuestas de carteles sobre filmes clásicos de la cinematografía universal. Del total fueron escogidos 24 por un jurado para ser impresos en serigrafía. La exposición incluyó, además, obras realizadas por encargo de la Cinemateca a lo largo de sus 50 años, y como colofón se realizó una subasta de los mismos con el fin de evaluar el impacto de las obras en el público y constatar su importancia. La muestra tuvo lugar en el Centro Cultural Cinematográfico del ICAIC y su inauguración coincidió con la celebración de la Novena Muestra de Nuevos Realizadores.

Este proyecto, cuya esencia consistió en ofrecer un espectro amplio del diseño contemporáneo de carteles, resultó atractivo por su diversidad visual y el alto poder de convocatoria entre las nuevas generaciones de diseñadores.

Por último, deseo destacar la elevación de la conciencia acerca de la necesidad de conservar el patrimonio cinematográfico del ICAIC. Ello ha traído consigo la implementación de un complejo proyecto para la digitalización de todos los fondos de la institución, cuyo objetivo fundamental será asegurar su restauración y salvaguardia.

En lo concerniente a la gráfica, el conjunto de acciones llevadas a cabo desde la Cinemateca durante más de quince años, redundará en beneficio de los fondos existentes y de los fondos históricos del ICAIC.

for screen printing. The exhibition also included posters realized on behalf of the Cinemateca throughout the length of its 50 years of existence. The posters were auctioned with the aim of assessing their impact and importance to the public. The exhibition took place in ICAIC's Centro Cultural Cinematográfico (Center for Cinematic Culture), with the opening night coinciding with the celebration of the 9th New Director's Showcase. This showcase, which essentially consisted of a spectrum of contemporary poster design, turned out to be very attractive because of its visual diversity and its great power for drawing together the newer generations of designers.

As a final note, I wish to point out the awareness that has been raised surrounding the need for the continuation and development of preserving the cinematic legacy of ICAIC. This has brought with it a mandate to digitize all of the institute's library collections, with the fundamental goal of ensuring the library's restoration and safekeeping. In the meantime, the group of activities being carried out from within the Cinemateca during the past 15 years help supplement the existing collections and the historical archives of ICAIC and will serve as an inspirational foundation for future research and work towards preserving and augmenting the entire archive.

Sara Vega Miche es especialista en la Cinemateca de Cuba y autora de Muñoz Bachs: uno de los Imprescindibles, *que explora el trabajo de uno de los artistas gráficos más reconocidos en Cuba.*

Sara Vega Miche is a specialist at Cinemateca de Cuba and the author of Muñoz Bachs: uno de los imprescindibles (Muñoz Bachs: One of the Indispensables), *which explores the work of one of the most renowned graphic artists in Cuba.*

preservación + circulación

RENÉ AZCUY CÁRDENAS • 1967

Marilyn Monroe in memoriam
Cuba

Marilyn Monroe in Memoriam
Cuba

136

SILVIO GAYTÓN • 1968

El boxeador y la muerte
Checoslovaquia

The Boxer
Czechoslovakia

UMBERTO PEÑA GARRIGA • 1968

Días de vuelo
Unión Soviética

Days of Flight
Soviet Union

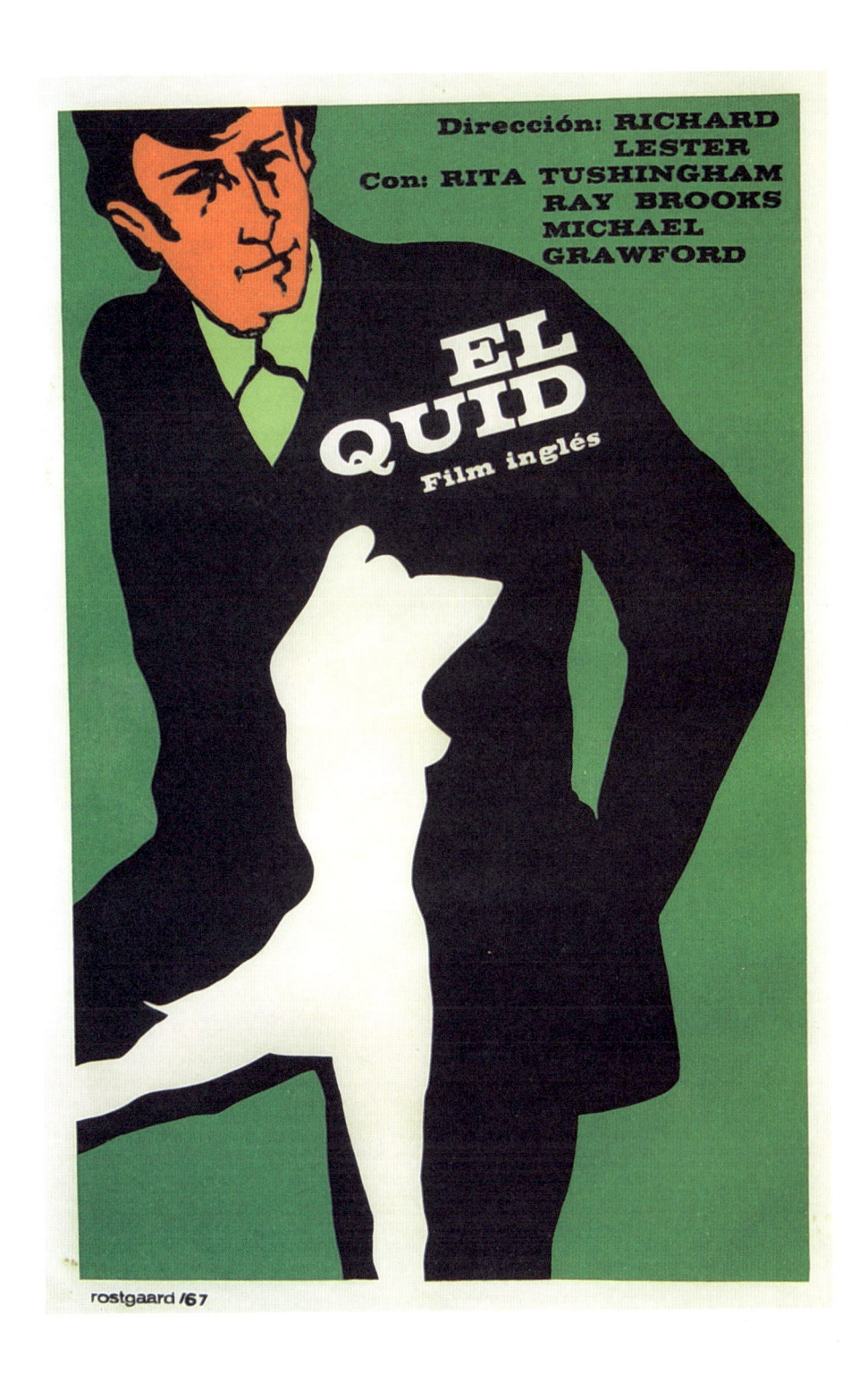

ALFREDO GONZÁLEZ ROSTGAARD • 1967

El quid
Inglaterra

The Knack . . . and How to Get It
England

preservación + circulación

Domingo a las seis de la tarde
Rumania

ALDO AMADOR • 1968

Sunday at Six in the Afternoon
Romania

140

ALDO AMADOR • 1968

La isla de los cautivos
Japón

Captive's Island
Japan

ALDO AMADOR • 1968

Las naves se hunden en el puerto
Unión Soviética

We Knew Him Only By Sight
Soviet Union

ALDO AMADOR • 1968

Venganza de sangre
Japón

Revenge
Japan

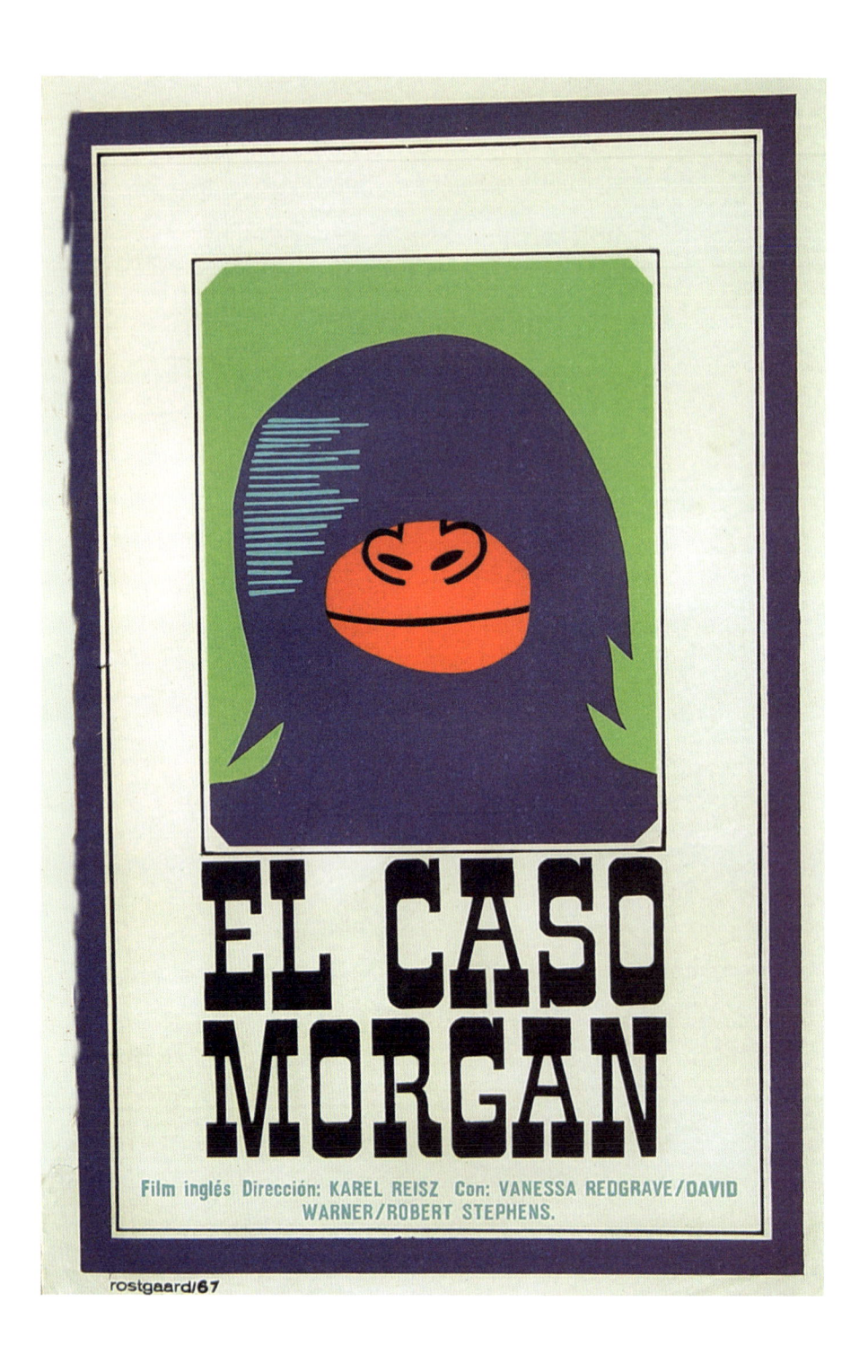

ALFREDO GONZÁLEZ ROSTGAARD • 1967

El caso Morgan
Inglaterra

Morgan!
England

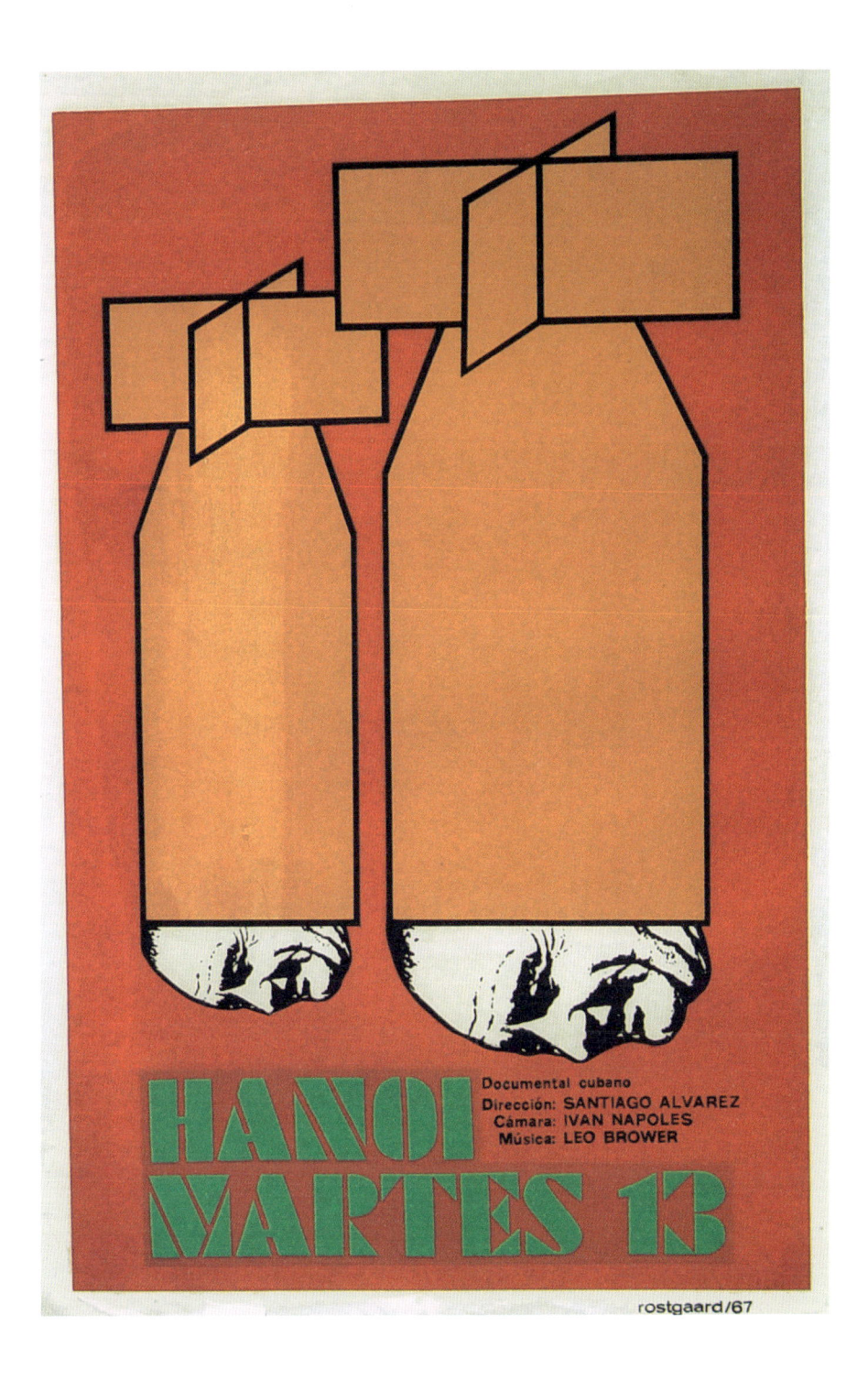

ALFREDO GONZÁLEZ ROSTGAARD • 1967

Hanoi martes 13
Cuba

Hanoi Tuesday 13
Cuba

ALFREDO GONZÁLEZ ROSTGAARD • 1968

Masajista Ichi, el fugitivo
Japón

Hoodlum Soldier on the Attack
Japan

ALFREDO GONZÁLEZ ROSTGAARD • 1967

La muchacha
Yugoslavia

The Woman
Yugoslavia

preservación + circulación

TODO PARA VENDER

film polaco en colores
dirección: andrzej wajda
con: beata tyszkiewicz
daniel olbrychski

rostgaard/71

ALFREDO GONZÁLEZ ROSTGAARD · 1971

Todo para vender
Polonia

Everything For Sale
Poland

148

ANTONIO FERNÁNDEZ REBOIRO • 1970

79 primaveras
Cuba

79 Springs
Cuba

ANTONIO FERNÁNDEZ REBOIRO • 1972

Girón
Cuba

Giron
Cuba

ANTONIO FERNÁNDEZ REBOIRO • 1968

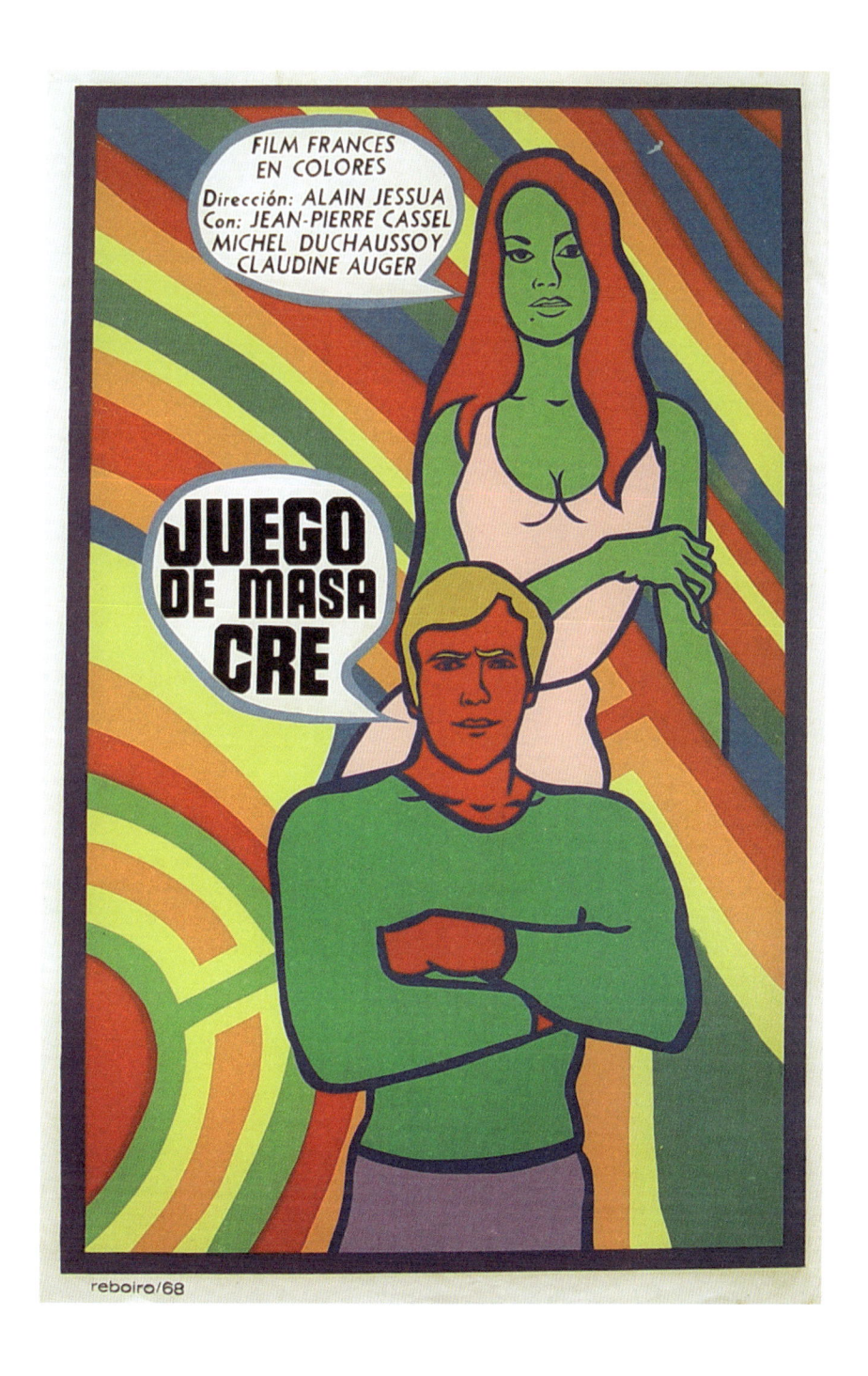

Juego de masacre
Francia

The Killing Game
France

preservación + circulación

ANTONIO FERNÁNDEZ REBOIRO • 1968

Moby Dick
Estados Unidos

Moby Dick
United States

ANTONIO FERNÁNDEZ REBOIRO • 1973

El monstruo en primera plana
Italia

Slap the Monster on Page One
Italy

ANTONIO FERNÁNDEZ REBOIRO • 1973

Noche interminable
Inglaterra

Endless Night
England

ANTONIO PÉREZ (ÑIKO) GONZÁLEZ • 1974

El padrino
Estados Unidos

The Godfather
United States

preservación + circulación

ANTONIO FERNÁNDEZ REBOIRO • 1968

La noche más larga
Bulgaria

The Longest Night
Bulgaria

ANTONIO FERNÁNDEZ REBOIRO • 1969

El primer correo
Bulgaria

The First Run
Bulgaria

ANTONIO FERNÁNDEZ REBOIRO • 1973

Samurai invisible
Japón

Invisible Samurai
Japan

ANTONIO FERNÁNDEZ REBOIRO • 1974

Siete días
Rumania

Seven Days
Romania

preservación + circulación

ANTONIO PÉREZ (ÑIKO) GONZÁLEZ • 1974

¡Búscame Lionia!
Unión Soviética

Seeking Lionia!
Soviet Union

160

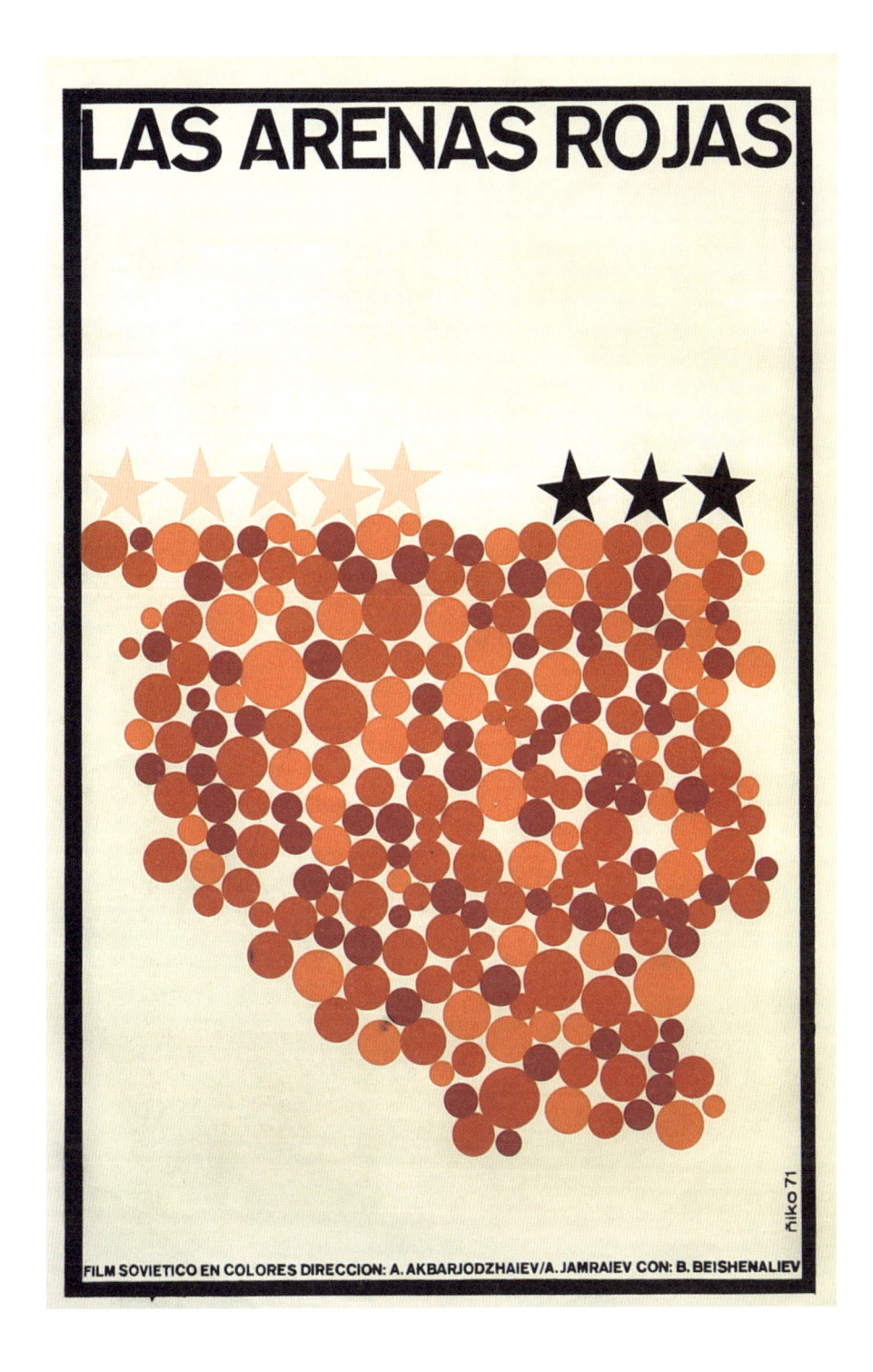

ANTONIO PÉREZ (ÑIKO) GONZÁLEZ • 1971

Las arenas rojas
Unión Soviética

Red Sands
Soviet Union

preservación + circulación

ANTONIO PÉREZ (ÑIKO) GONZÁLEZ • 1971

Avaricia
Estados Unidos

Avarice
United States

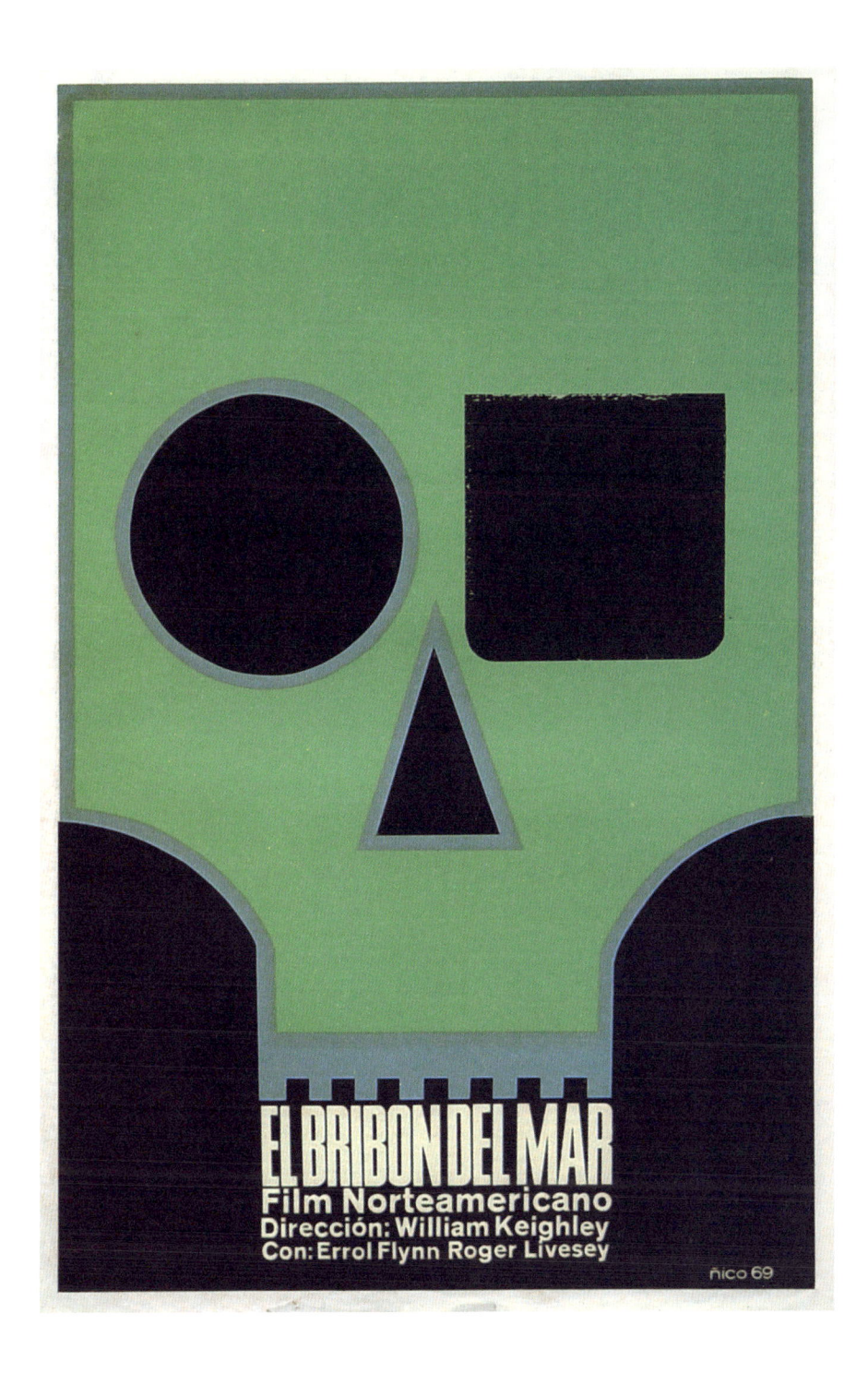

ANTONIO PÉREZ (ÑIKO) GONZÁLEZ • 1969

El bribón del mar
Estados Unidos

The Master of Ballantrae
United States

preservación + circulación

ANTONIO PÉREZ (ÑIKO) GONZÁLEZ • 1970

Cabascabo
Nigeria

Cabascabo
Nigeria

164

ANTONIO PÉREZ (ÑIKO) GONZÁLEZ • 1974

El ocaso de los cheyennes
Estados Unidos

Cheyenne Autumn
United States

preservación + circulación

ANTONIO PÉREZ (ÑIKO) GONZÁLEZ • 1969

La chica
Hungría

The Girl
Hungary

166

ANTONIO PÉREZ (ÑIKO) GONZÁLEZ • 1973

Hablando del punto cubano
Cuba

Speaking of the Cuban Point
Cuba

ANTONIO PÉREZ (ÑIKO) GONZÁLEZ • 1969

Condena a muerte
Japón

Death Sentence
Japan

ANTONIO PÉREZ (ÑIKO) GONZÁLEZ • 1970

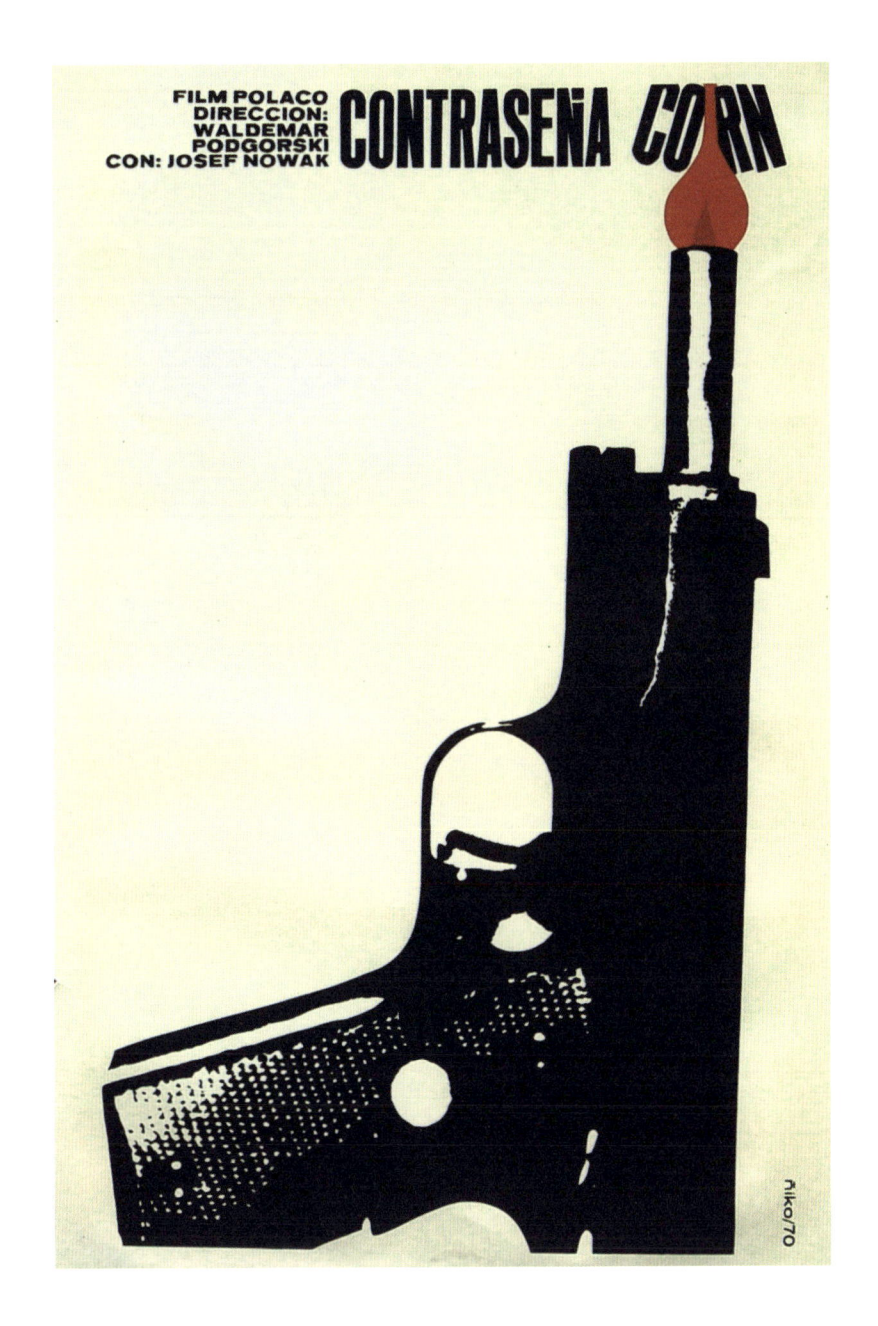

Contraseña corn
Polonia

Password Corn
Poland

preservación + circulación

ANTONIO PÉREZ (ÑIKO) GONZÁLEZ • 1970

El corredor
Suecia

The Corridor
Sweden

ANTONIO PÉREZ (ÑIKO) GONZÁLEZ • 1970

El diablo por la cola
Francia

The Devil by the Tail
France

preservación + circulación

ANTONIO PÉREZ (ÑIKO) GONZÁLEZ • 1969

Ganga Zumba
Brasil

Ganga Zumba
Brazil

film norteamericano
dirección:
vincente minnelli
con: leslie caron
maurice chevalier
louis jourdan

ANTONIO PÉREZ (ÑIKO) GONZÁLEZ • 1969

Gigi
Estados Unidos

Gigi
United States

ANTONIO PÉREZ (ÑIKO) GONZÁLEZ • 1969

Hijos y amante
Inglaterra

Sons and Lovers
England

ANTONIO PÉREZ (ÑIKO) GONZÁLEZ • 1974

El jinete sin cabeza
Unión Soviética

The Headless Rider
Soviet Union

ANTONIO PÉREZ (ÑIKO) GONZÁLEZ • 1970

Kiba el lobo
Japón

Furious Wolf
Japan

preservation + circulation

ANTONIO PÉREZ (ÑIKO) GONZÁLEZ • 1970

Latitud cero
Japón

Latitude Zero
Japan

preservación + circulación

ANTONIO PÉREZ (ÑIKO) GONZÁLEZ • 1969

La linea delgada
Japón
___
The Stranger Within a Woman
Japan

178

ANTONIO PÉREZ (ÑIKO) GONZÁLEZ • 1970

El monje misterioso
Unión Soviética

The Mysterious Monk
Soviet Union

preservación + circulación

ANTONIO PÉREZ (ÑIKO) GONZÁLEZ • 1971

Muerte al invisible
Japón

Critical Strike
Japan

180

preservation + circulation

ANTONIO PÉREZ (ÑIKO) GONZÁLEZ • 1970

Nuevas aventuras de los incapturables
Unión Soviética

The New Adventures of the Elusive Avengers
Soviet Union

ANTONIO PÉREZ (ÑIKO) GONZÁLEZ • 1971

Siete dias en otra parte
Francia

Seven Days Somewhere Else
France

ANTONIO PÉREZ (ÑIKO) GONZÁLEZ • 1973

El triangulito
España

The Little Triangle
Spain

preservación + circulación

ANTONIO PÉREZ (ÑIKO) GONZÁLEZ • 1969

Verano en la montaña
Hungría

Spring in the Mountain
Hungary

184

EDUARDO MUNOZ BÁCHS • 1969

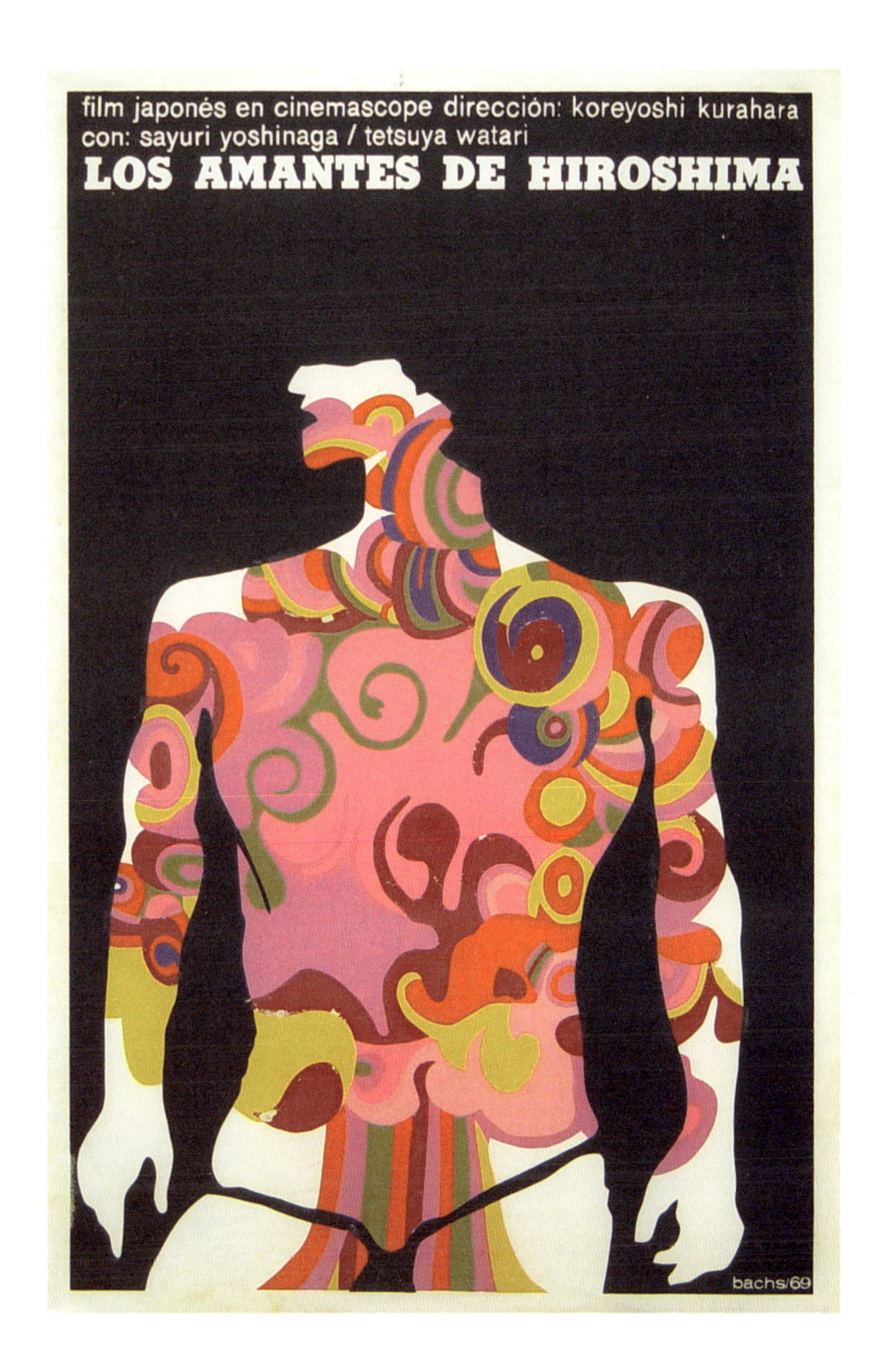

Los amantes de Hiroshima
Japón

The Heart of Hiroshima
Japan

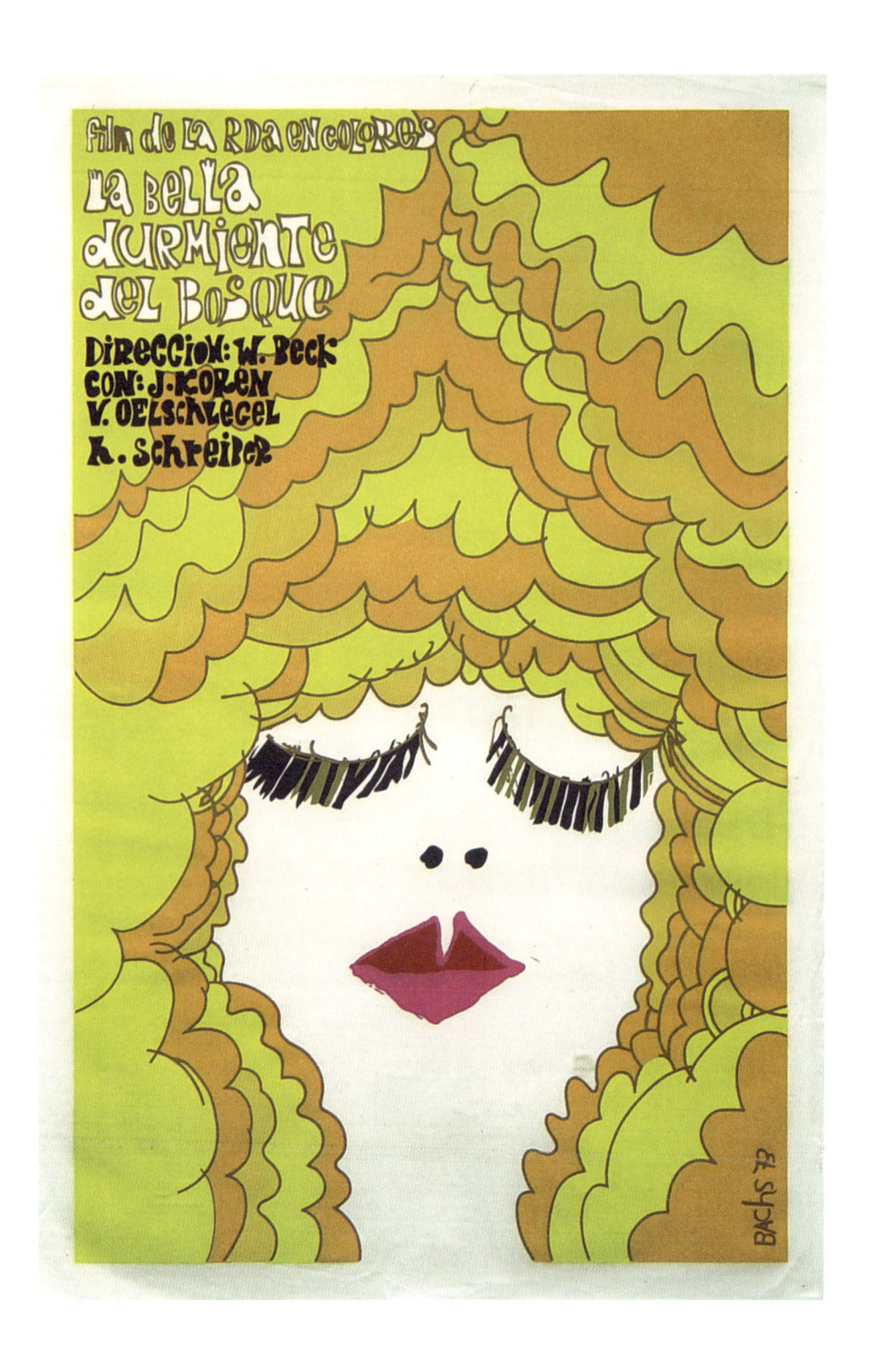

EDUARDO MUÑOZ BACHS • 1973

La bella durmiente del bosque
Alemania

Sleeping Beauty
Germany

EDUARDO MUÑOZ BACHS • 1970

Cara a cara
Brasil

Face to Face
Brazil

preservación + circulación

CECILIA GUERRA • 1970

Historia de una chica sola
España

History of the Single Woman
Spain

188

JORGE DIMAS GONZÁLEZ LINARES • 1973

La isla del tesoro
Unión Soviética

Treasure Island
Soviet Union

EDUARDO MUÑOZ BACHS • 1969

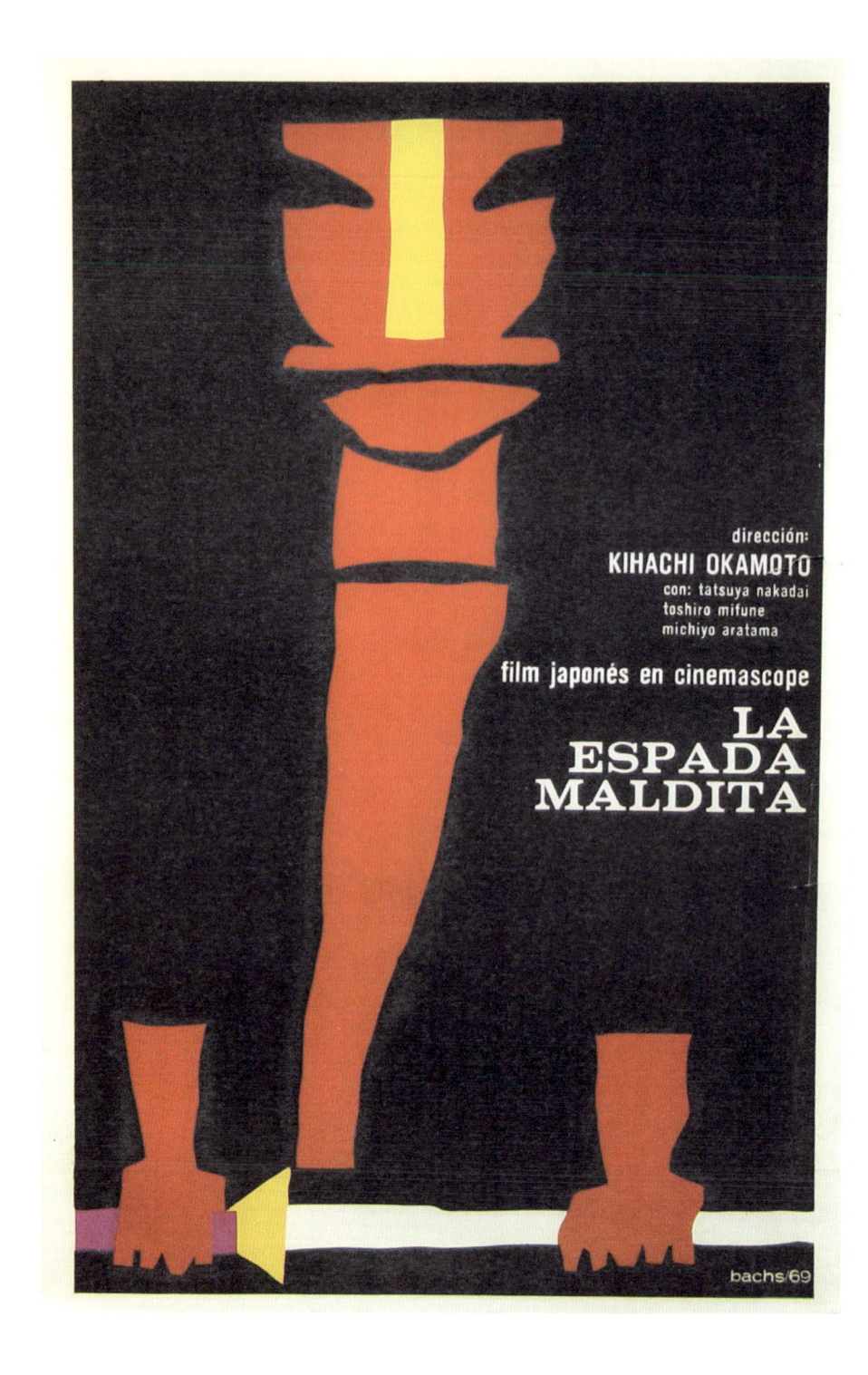

La espada maldita
Japón

The Sword of Doom
Japan

preservation + circulation

EDUARDO MUÑOZ BACHS • 1969

El giro
Senegal

The Turning
Senegal

191

EDUARDO MUÑOZ BACHS • 1969

El hijo pródigo
Checoslovaquia

The Prodigal Son
Czechoslovakia

EDUARDO MUÑOZ BACHS • 1969

Los hermanastros
Japón

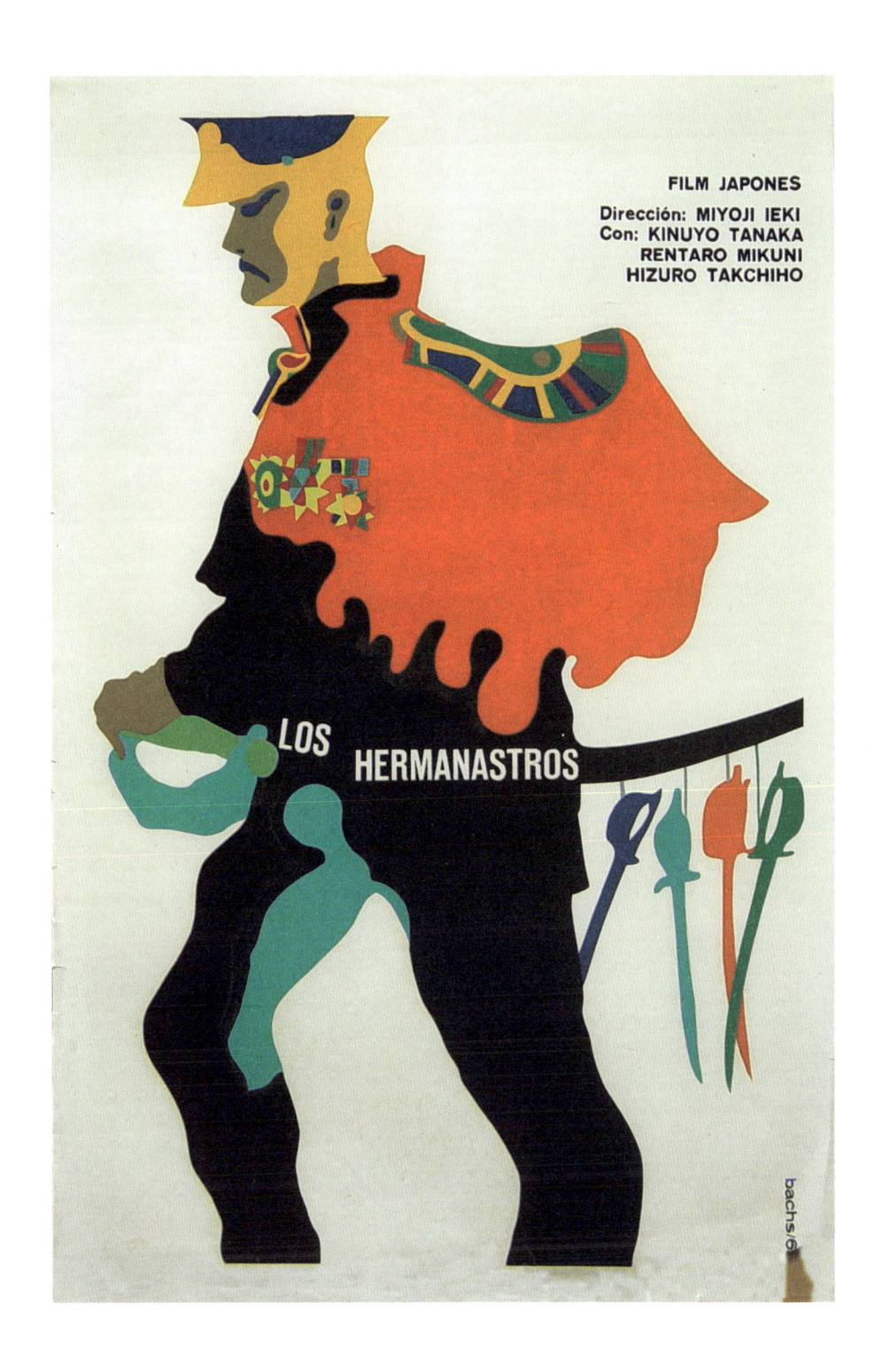

Stepbrothers
Japan

EDUARDO MUÑOZ BACHS • 1970

Impostores
Hungría

Imposters
Hungary

EDUARDO MUÑOZ BACHS • 1969

Karate campeón
Japón

Karate Champion
Japan

EDUARDO MUÑOZ BACHS • 1971

Las Leandras
España

The Leandras
Spain

EDUARDO MUÑOZ BACHS · 1971

Lokis
Polonia

Lokis
Poland

EDUARDO MUÑOZ BACHS • 1968

Masajista Ichi y el cofre de oro
Japón

Zatoichi and the Chest of Gold
Japan

preservation + circulation

EDUARDO MUÑOZ BACHS • 1973

El monstruo del castillo de Blackwood
Inglaterra

The Monster of Blackwood Castle
England

199

EDUARDO MUÑOZ BACHS • 1974

La niebla
Rumania

The Fog
Romania

EDUARDO MUÑOZ BACHS • 1972

Si yo tuviera un fusil
Checoslovaquia

If I Had a Gun
Czechoslovakia

preservación + circulación

EDUARDO MUÑOZ BACHS • 1973

El reo necesario
Bulgaria

The Indispensable Sinner
Bulgaria

EDUARDO MUÑOZ BACHS • 1971

Reto a Ichi
Japón

Zatoichi Challenged
Japan

preservación + circulación

EDUARDO MUÑOZ BACHS • 1969

Sudor y lágrimas
Japón

Monument to the Girl's Corpse
Japan

EDUARDO MUÑOZ BACHS • 1970

Trópico
Italia

Tropics
Italy

EDUARDO MUÑOZ BACHS • 1971

Una viuda de oro
Francia

The Golden Life
France

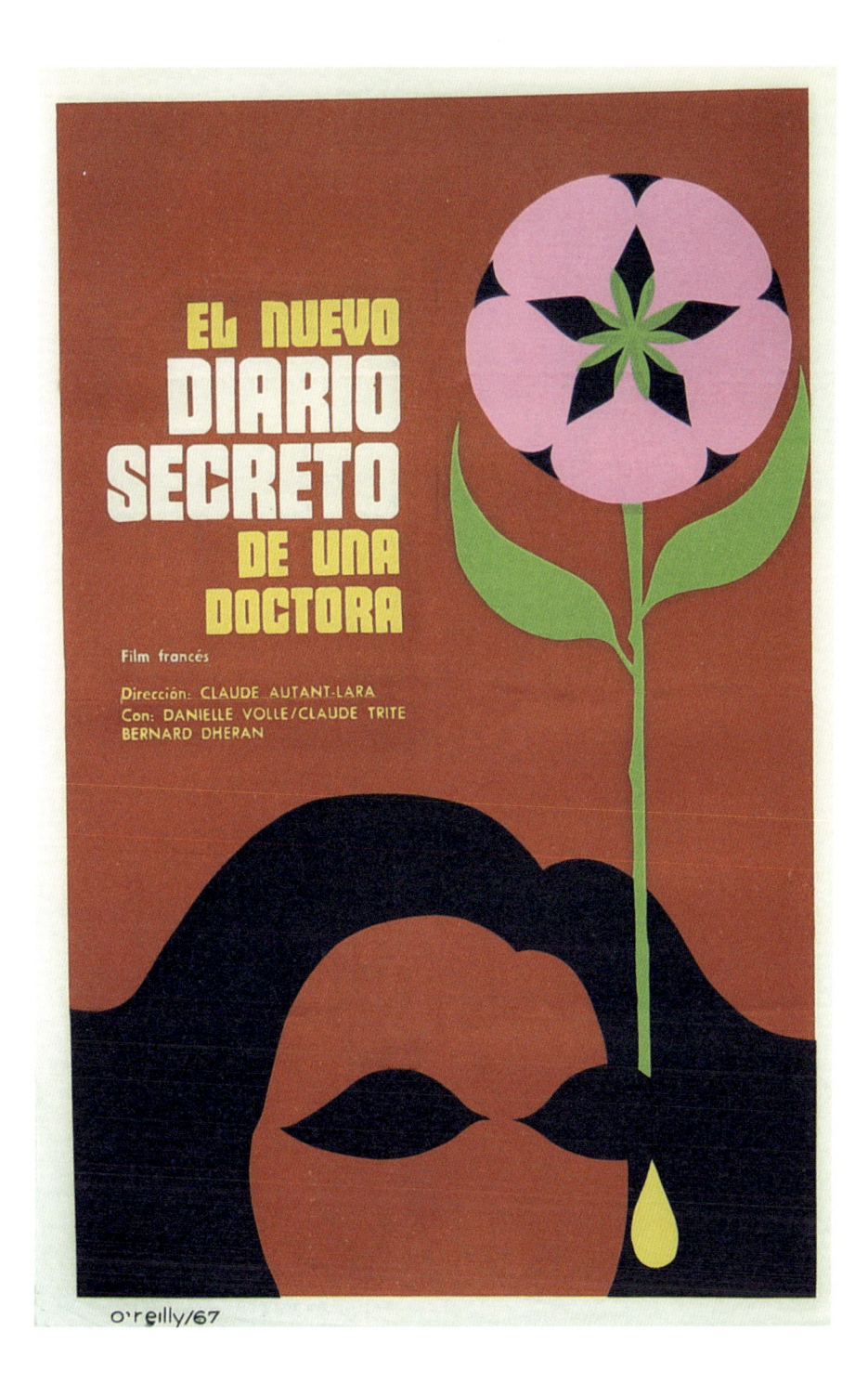

FERNANDO PÉREZ O'REILLY • 1967

El nuevo diario secreto de una doctora
Francia

A Woman in White Revolts
France

FRANCISCO YÁNES MAYÁN · 1968

Días fríos
Hungría

Cold Days
Hungary

FRANCISCO YÁNES MAYÁN • 1967

Kiss kiss . . . bang bang
Italia

Kiss Kiss . . . Bang Bang
Italy

preservación + circulación

IGNACIO DAMIÁN GONZÁLEZ • 1973

Dulcima
Inglaterra
___
Dulcima
England

210

JORGE DIMAS GONZÁLEZ LINARES • 1973

Emitai
Senegal

Hementhal
Senegal

preservación + circulación

film japonés en colores y cinemascope dirección: hiroshi inagaki con: toshiro mifune
KANSUKE EL ESTRATEGA

dimas 71

JORGE DIMAS GONZÁLEZ LINARES • 1971

Kansuke el estratega
Japón

The Ambush: Incident at Blood Pass
Japan

JORGE DIMAS GONZÁLEZ LINARES • 1973

Sangrienta búsqueda de la paz
Japón

Bloody Search for Peace
Japan

preservación + circulación

La Selva de Xanú
film vietnamita
dirección: nguyen van thong
con: nguyen trong khoi
nguyen duy chung
thuy van

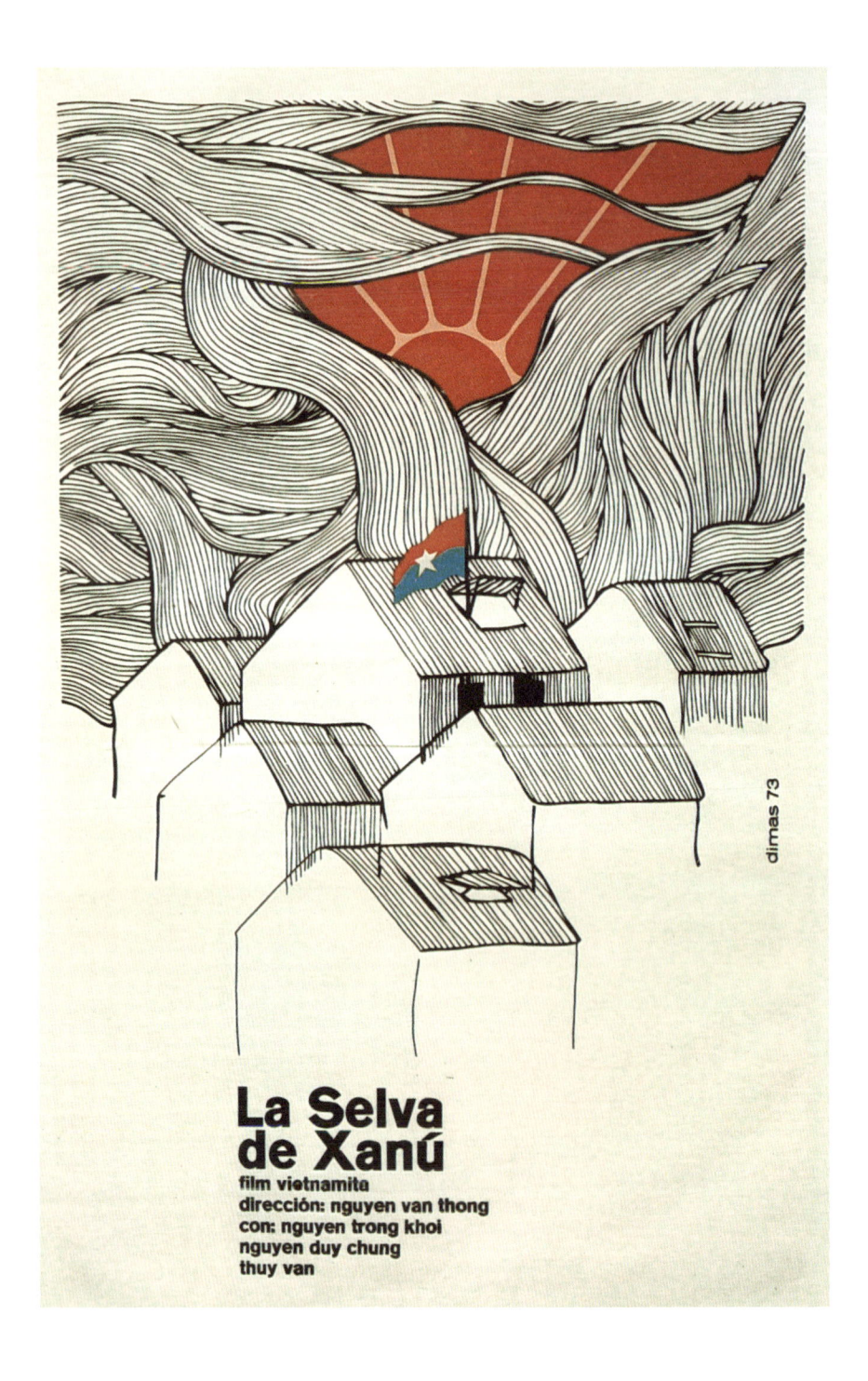

JORGE DIMAS GONZÁLEZ LINARES • 1973

La selva de Xanú
Vietnam

Xanu Jungle
Vietnam

JULIO ELOY MESA PÉREZ • 1973

Un hombre en su lugar
Unión Soviética

A Man in His Place
Soviet Union

preservación + circulación

JULIO ELOY MESA PÉREZ • 1973

Lo cierto y lo falso
Italia

The Hassled Hooker
Italy

JULIO ELOY MESA PÉREZ • 1970

El metro
Inglaterra

Metro
England

LUIS VEGA DE CASTRO • 1973

El fin de los Liubavin
Unión Soviética

The End of Lyubavins
Soviet Union

JULIO ELOY MESA PÉREZ • 1970

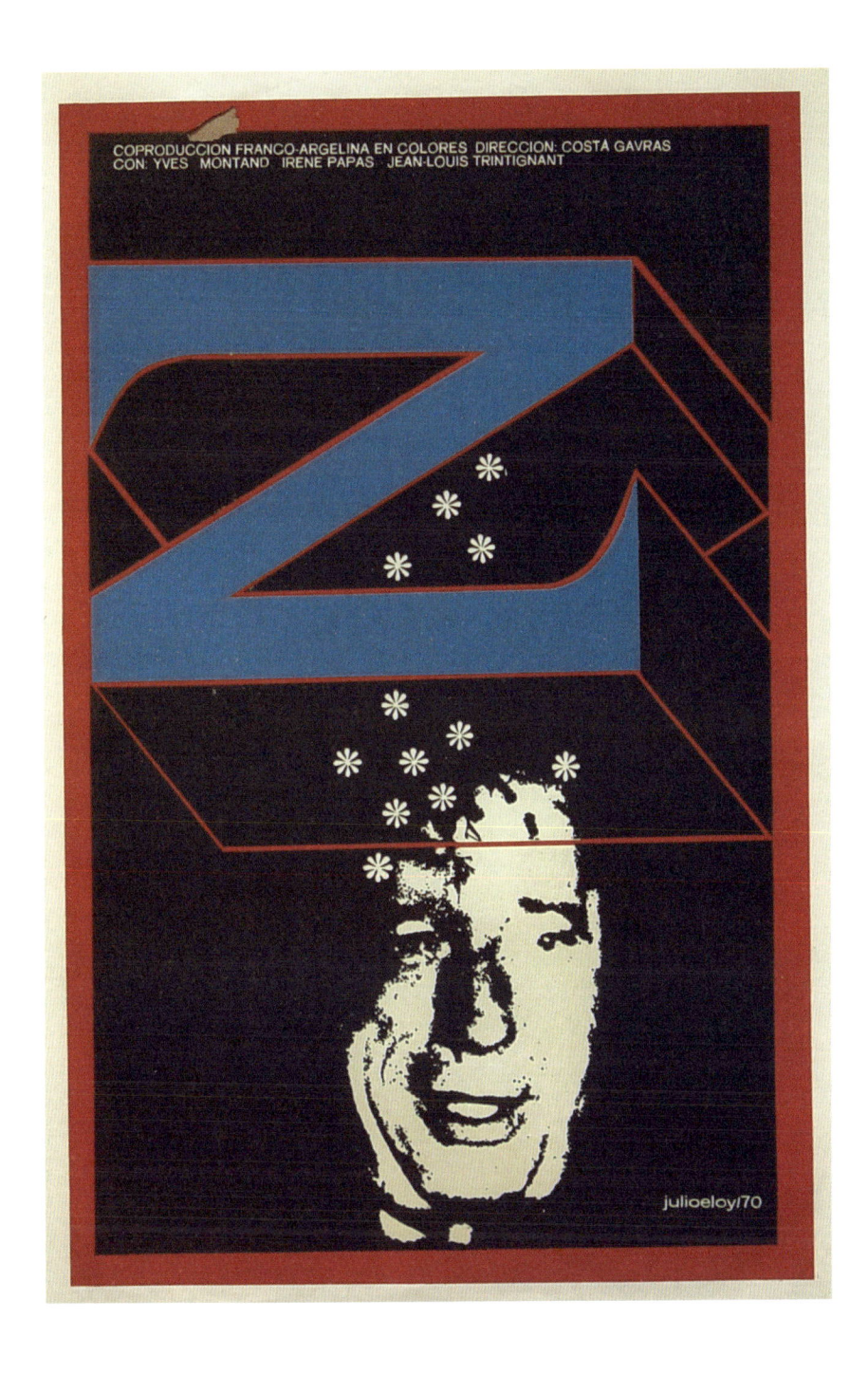

Z
Francia

Z
France

preservación + circulación

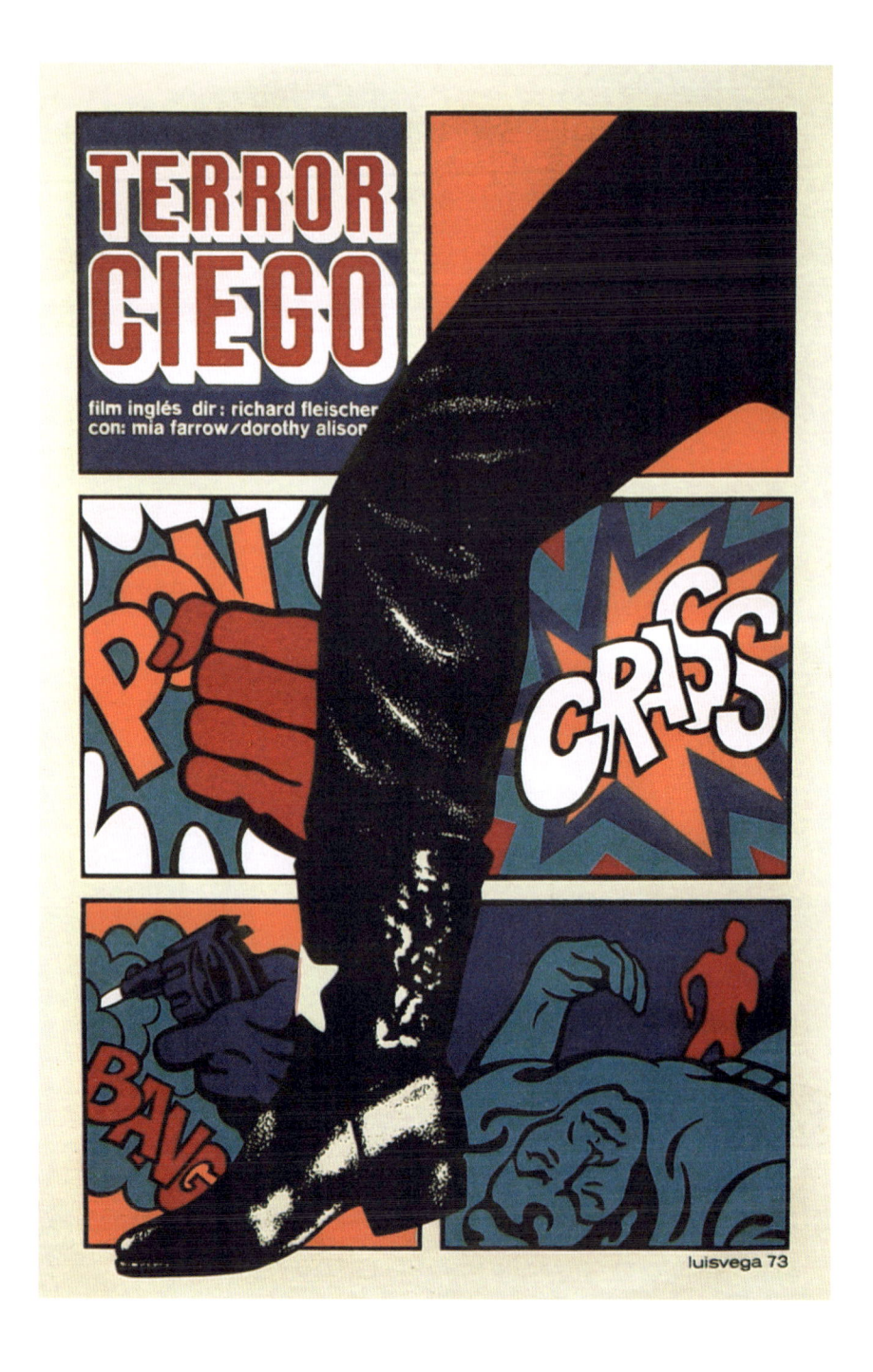

LUIS VEGA DE CASTRO • 1973

Terror ciego
Inglaterra

See No Evil
England

MIGUEL A. NAVARRO • 1970

Me enveneno de azules
España

Poisoned in Blue
Spain

PEDRO FERNÁNDEZ FRANCO • 1973

Punto, punto, coma
Unión Soviética

Period, Period, Comma
Soviet Union

preservation + circulation

PEDRO M. GONZÁLEZ PULIDO • 1974

El hombre que venció el miedo
Estados Unidos

Edge of the City
United States

223

RAÚL MARTÍNEZ • 1968

Lucía
Cuba

Lucia
Cuba

RAYMUNDO GARCÍA PARRA • 1967

La boda
Bulgaria

The Bull
Bulgaria

preservación + circulación

RAYMUNDO GARCÍA PARRA • 1968

Yo la conocía bien
Italia

I Knew Her Well
Italy

226

RAÚL OLIVA BALUJA • 1968

Lágrimas en el lago
Japón

Lake of Tears
Japan

preservación + circulación

RAYMUNDO GARCÍA PARRA • 1967

El mar
Bulgaria

The Sea
Bulgaria

228

preservation + circulation

RAÚL OLIVA BALUJA • 1967

El jueves
Italia

Thursday
Italy

229

preservación + circulación

RENÉ AZCUY CÁRDENAS • 1974

Adalen 31
Suecia

Adalen 31
Sweden

RENÉ AZCUY CÁRDENAS • 1970

Besos robados
Francia

Stolen Kisses
France

preservación + circulación

FILM SOVIETICO EN COLORES Y CINEMASCOPE DIRECCION: YOSIF JEIFITS CON: OLEG DAL

EL DUELO

RENÉ AZCUY CÁRDENAS • 1974

El duelo
Unión Soviética

The Duel
Soviet Union

232

RENÉ AZCUY CÁRDENAS • 1969

La guerra y la paz (IV parte)
Unión Soviética

War and Peace (Part IV)
Soviet Union

RENÉ AZCUY CÁRDENAS • 1974

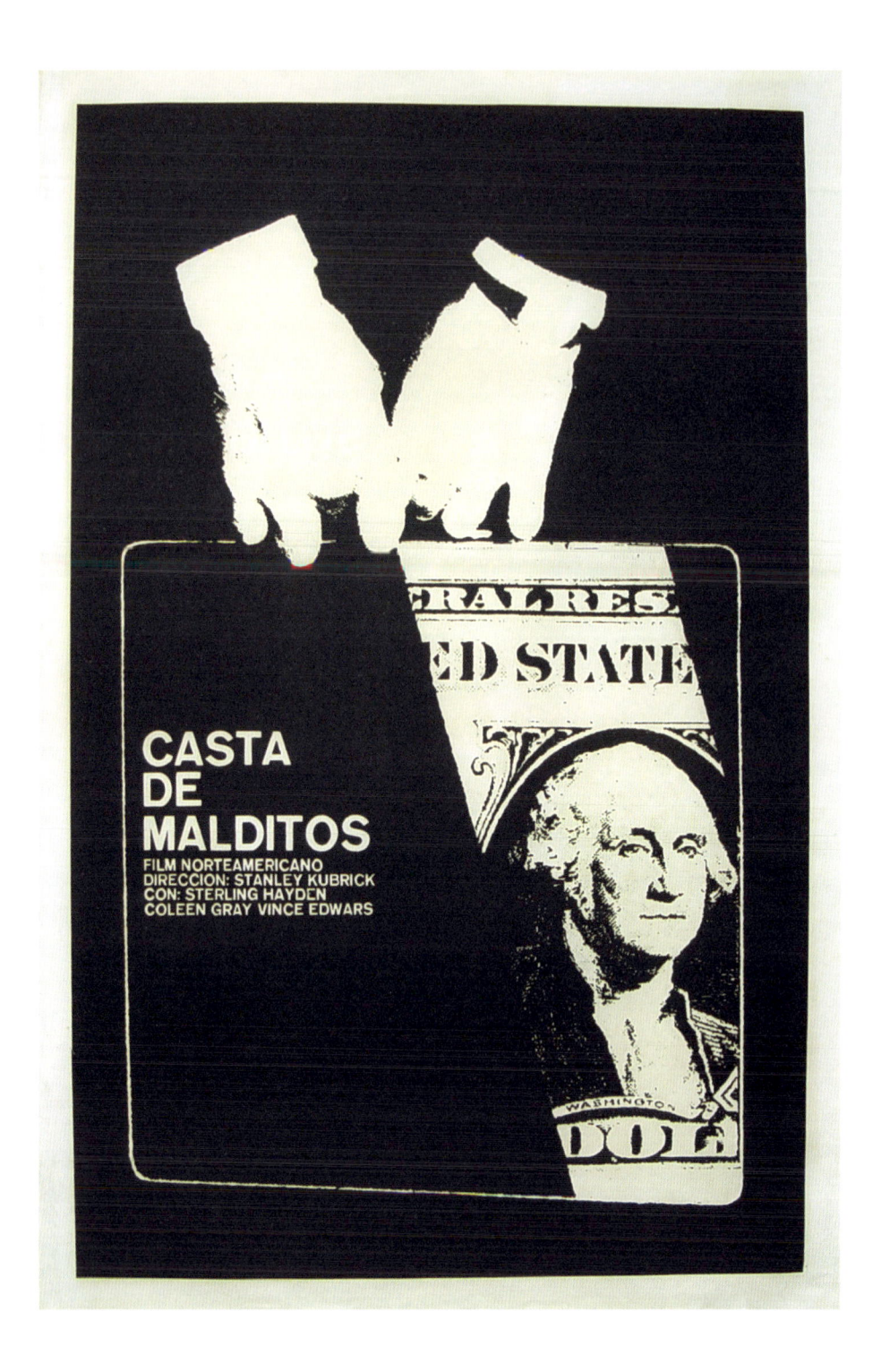

Casta de malditos
Estados Unidos

The Killing
United States

RENÉ AZCUY CÁRDENAS • 1971

Lord Jim
Estados Unidos

Lord Jim
United States

preservación + circulación

RENÉ AZCUY CÁRDENAS • 1969

El magnate industrial
Japón

Industrial Tycoon
Japan

preservation + circulation

RENÉ AZCUY CÁRDENAS • 1967

Los maleantes
Italia

The Magliari
Italy

237

preservación + circulación

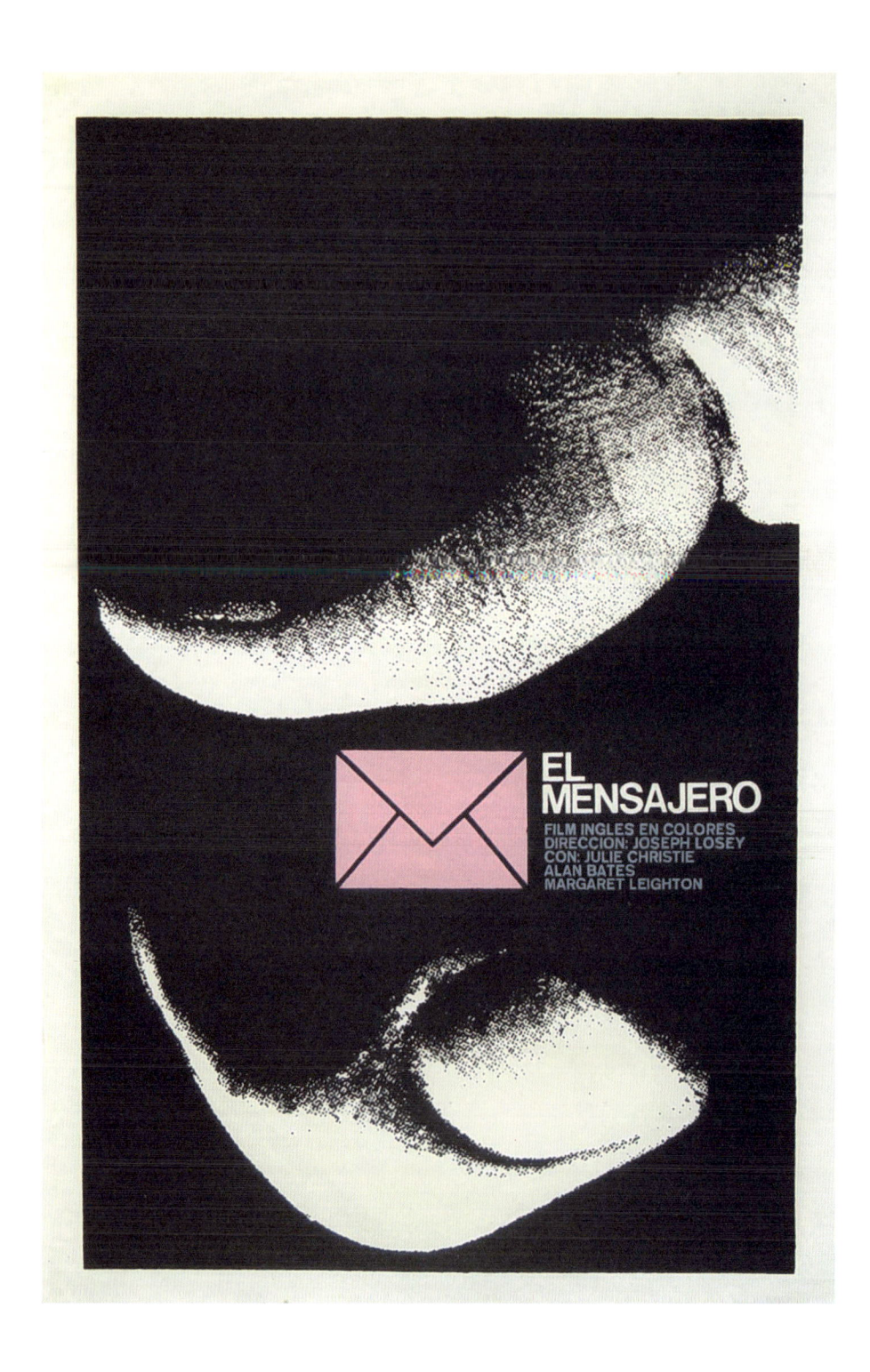

RENÉ AZCUY CÁRDENAS • 1972

El mensajero
Inglaterra

The Messenger
England

preservation + circulation

RENÉ AZCUY CÁRDENAS • 1974

Sin móvil aparente
Francia

No Apparent Motive
France

RENÉ AZCUY CÁRDENAS • 1970

Tercer mundo tercera guerra mundial
Cuba

Third World, Third World War
Cuba

RENÉ AZCUY CÁRDENAS • 1970

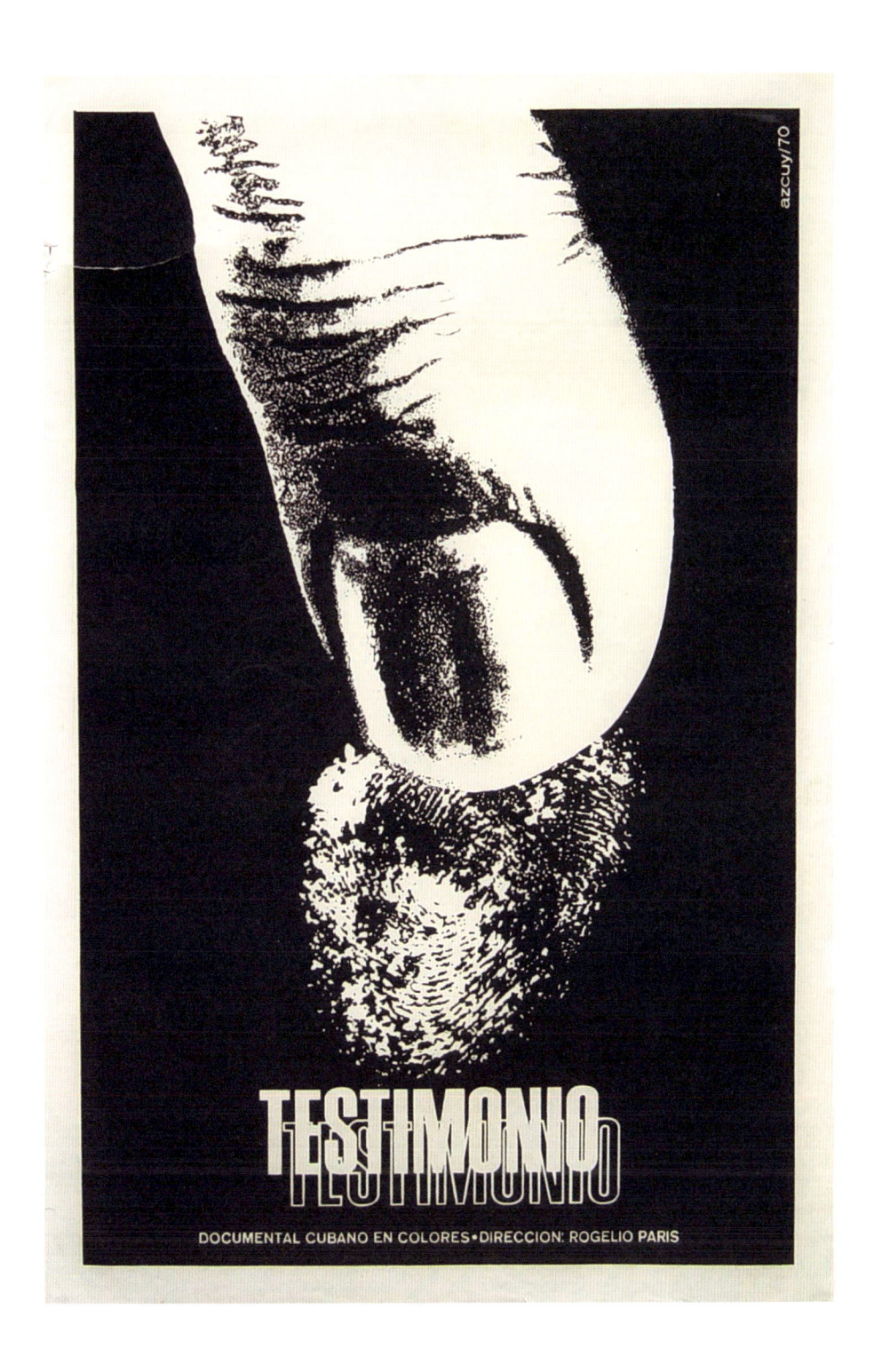

Testimonio
Cuba

Testimony
Cuba

preservación + circulación

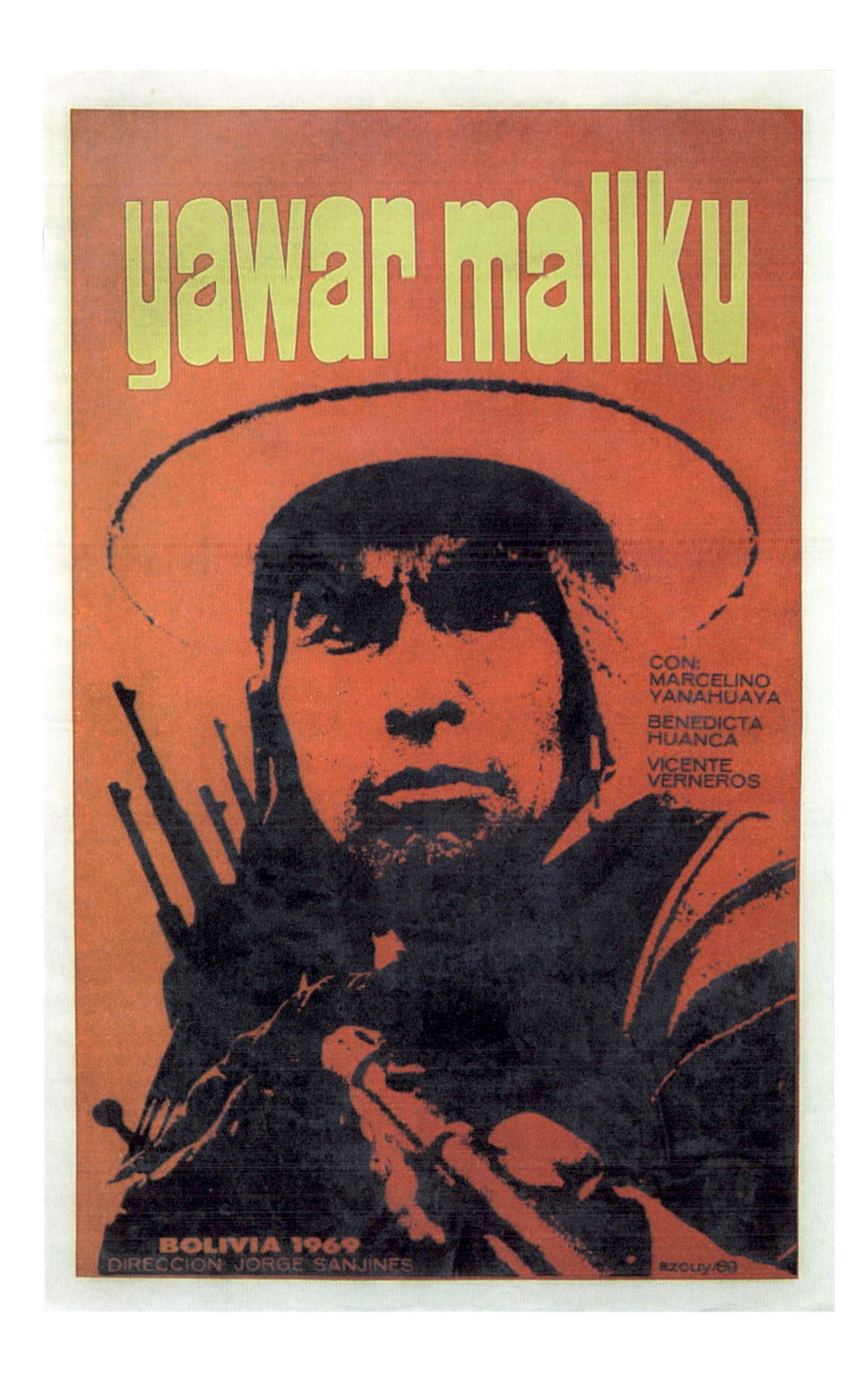

RENÉ AZCUY CÁRDENAS • 1969

Yawar Mallku
Bolivia

Blood of the Condor
Bolivia

242

preservation + circulation

ROBERTO MARTÍNEZ DÍAZ • 1974

Martín y el cristal rojo
Checoslovaquia

Martin and the Red Glass
Czechoslovakia

ROBERTO MARTÍNEZ DÍAZ • 1974

La séptima bala
Unión Soviética

The Eleventh Bullet
Soviet Union

preservation + circulation

UMBERTO PEÑA GARRIGA • 1969

La noche fue hecha para...
Italia

The Night Was Made For...
Italy

245

ANTONIO FERNÁNDEZ REBOIRO • 1969

Peppermint frappe
España

Peppermint Frappe
Spain

ANTONIO FERNÁNDEZ REBOIRO • 1974

Leyenda del abeto plateado
Checoslovaquia

The Legend of the Silver Fir
Czechoslovakia

preservación + circulación

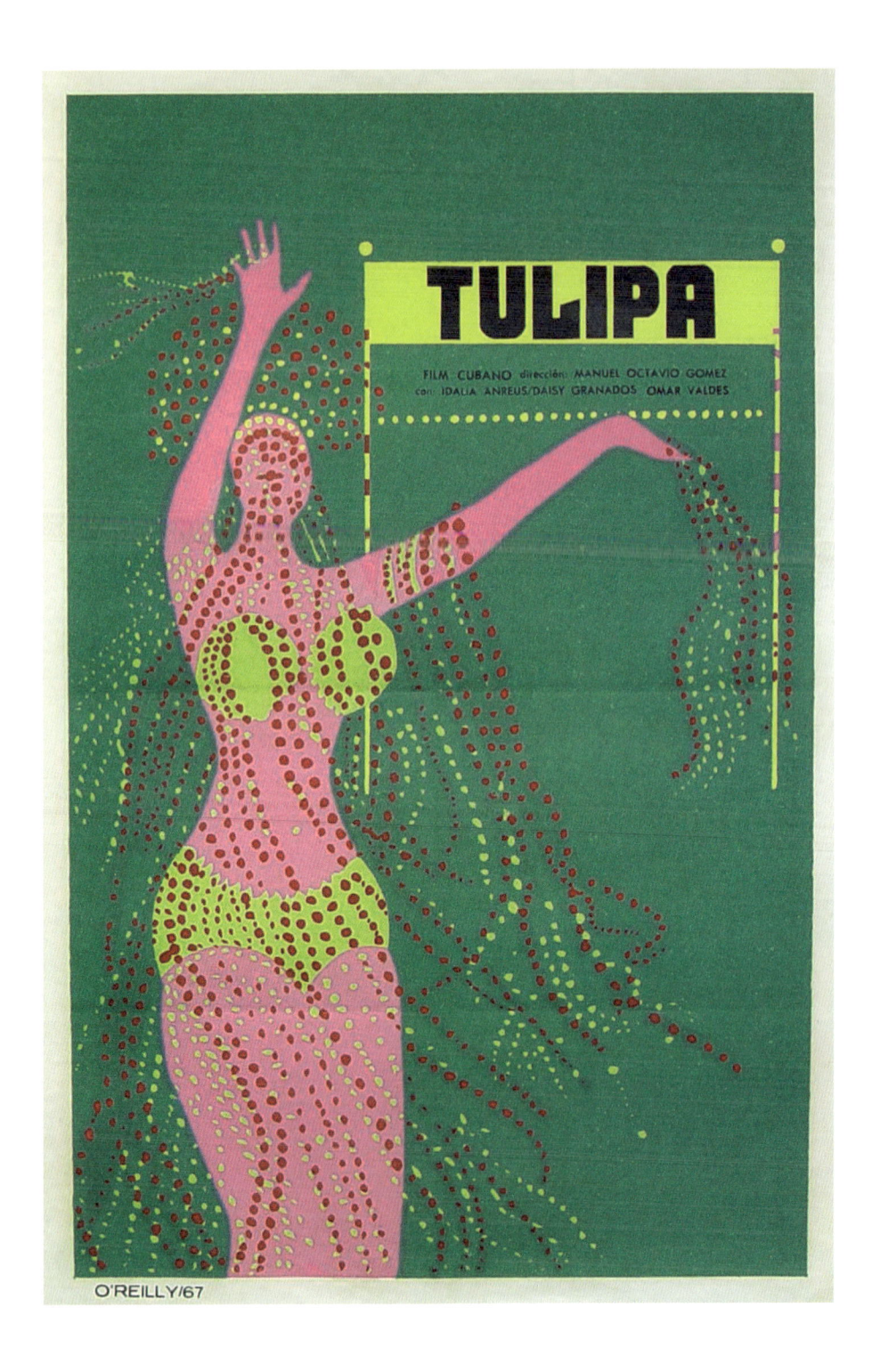

FERNANDO PÉREZ O'REILLY • 1967

Tulipa
Cuba

Tulip
Cuba

248

EDUARDO MUÑOZ BACHS • 1970

Esclavo de la avaricia
Estados Unidos

God's Little Acre
United States

preservación + circulación

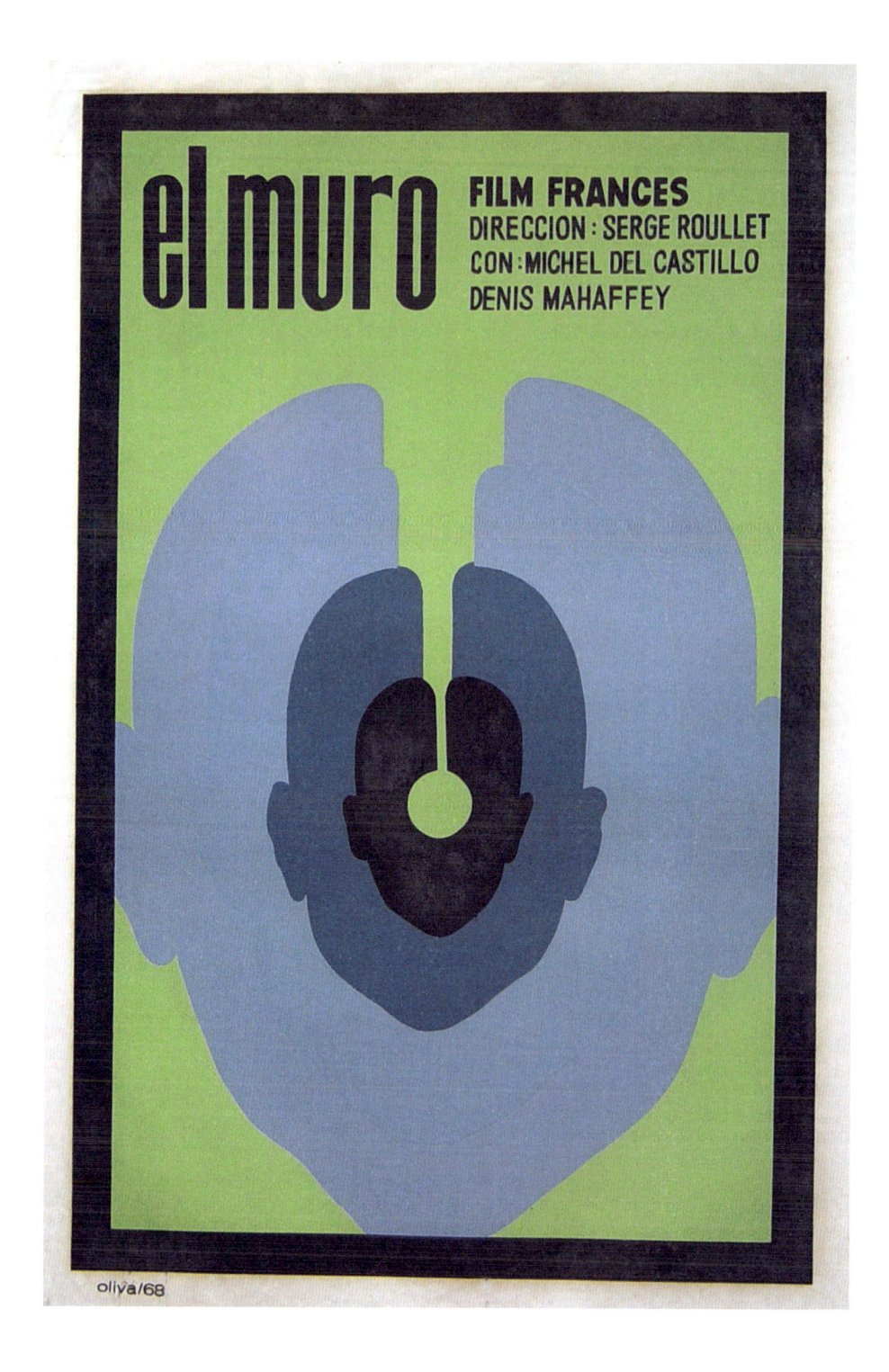

RAÚL OLIVA BALUJA • 1968

El muro
Francia

The Wall
France

EDUARDO MUÑOZ BACHS • 1969

El fin del barón Ungern
Unión Soviética

Order of Baron Ungern
Soviet Union

el fenómeno 1975–1980
the phenomenon

the phenomenon of contemporary cuban design
CLAUDIO SOTOLONGO interviews **NELSON PONCE SANCHEZ**

Nelson Ponce Sanchez was born in 1976 in Havana. He is an illustrator and graphic designer, most famous for the poster he designed for Vampiros en la Habana (Vampires in Havana). *A member of the Camaleón design collective, he is a professor at ISDI, where he also studied graphic design. In 2006, he won Cuba's Prográfica prize for Best Young Designer.*

Claudio Sotolongo What importance does the poster have within Cuban and international graphic design?

Nelson Ponce Every time a designer tries to describe what he does, he uses the medium of the poster to explain. Posters are everywhere and call out to everyone who walks by them. When I first thought about working as a designer, my initial preference was to design posters. After my studies, I realized that poster art is a serious discipline, which has many derivatives in visual communication. Even so, I do not think it's the hardest thing to do within the graphic design field. It is, perhaps, one of the most immediate pieces of communication. I think people have a longing for the poster. Maybe it's the similarities that posters may have with fine art—great artists, such as Toulouse Lautrec, also designed posters.

How important is poster design in your work?
It has the utmost importance because it poses a strong challenge for me, which is to solve a problem communicating with immediacy. I believe this is unlike other projects in visual communication, in which there is little methodology, strategy, and perhaps more time. The poster generally requires a special spark on the part of the designer. I get tested every time I create a poster—my cunning, creativity, and ability to convey something with few elements. When you develop a communication problem that has multiple media applications, the message can be diluted a bit. A poster needs to

creatividad y capacidad para transmitir una cosa con pocos elementos. Cuando uno desarrolla un problema de comunicación que tiene varios soportes, uno puede diluirse un poco, en un cartel hay que hacer una síntesis bastante general: un concepto, una idea. No es sólo síntesis formal, sino también en términos conceptuales, y es un reto, además, por la velocidad con la que se tiene que trabajar.

Y esa síntesis de la que tú hablas ¿no está respondiendo a una formación dentro de lo moderno?
Para mí la síntesis, en lo formal, tiene gradientes, que dependen del público, de la circunstancias, del momento, de la relación receptor-emisor y del contexto. Hay síntesis conceptual porque uno quiere transmitir algo, pero puede ser con muchos elementos, en ese formato que es generalmente un cartel, un límite rectangular. Puede haber profusión de elementos abigarrados que, obviamente, como diseñador, tienen que ser organizados en su lectura. O simplemente uno puede ser más espontáneo y hasta desprecia eso, según el receptor.

Cuando el cartel es serigráfico, ¿dónde está la limitación técnica?
Bueno, uno trata de hacer todo lo que puede basado en esa limitación. Hay que conocer la técnica y a partir de ahí puedes hacer cosas más sencillas o más complejas. Lo complejo se hace difícil, a veces, porque el modo de reproducción no se presta para eso. Entonces uno tiene que tener en cuenta las tintas, la densidad de la trama de la seda, etc.

¿Cómo procedes a la hora de diseñar un cartel?
Uff, de diferentes maneras. Se puede decir que no tengo un método de creación, lo que sí te puedo decir es que tengo que dormir por lo menos un día. Yo creo que en las noches es donde mis ideas se fabrican. Duermo bastante mal y ahí es donde creo que se va gestando el meollo del asunto. Después de haber hecho una investigación, de acercarme al tema, de dibujar mucho –dibujo mucho–, voy representando cosas y voy encontrando la idea.

¿Piensas primero en la imagen y después organizas?
Pienso y dibujo al mismo tiempo. Una relación cerebro-lápiz que es mutua. Pienso-dibujo, dibujo-pienso y así voy encontrando formas que coinciden, que pueden ser alusivas a algo, o que simplemente "disparan" algo.

¿Te concentras más en la imagen?
Me concentro mucho en la imagen. El mensaje que voy a transmitir generalmente es a partir de la imagen y en función de ella hasta la tipografía.

synthesize an idea both formally and conceptually in order to meet the challenge of communicating with passersby quickly.

For me, synthesis, in the formal sense, has gradients that depend on the public, the circumstances of the moment, the sender-receiver relationship, and context. A conceptual synthesis occurs because you want to convey an idea but have many elements to combine in the poster format, with its limited rectangular boundary. There may be a profusion of variegated elements that the designer has to compositionally organize to convey a message. Or, depending on the intended audience and context, a poster can be simplified and spontaneous.

When you create a poster, do you see yourself as a designer, creator, or artist?
When I design any kind of visual communication other than a poster, I feel more like an efficient, competent graphic designer. If I'm making a poster, I am a creative designer. My personal creativity gets to be expressed, which yields a more interesting result than in the other work I do. In the poster, I still generate efficient solutions, but I can examine my ideas and restless artistic tendencies.

What is your design process?
I work in different ways. One could say that I have a method of creating—what I can tell you is that I have to sleep for at least a day before I start the actual design. Night is where my ideas are produced. I sleep very badly, and that's when I start brewing at the heart of the matter. Having done the research (and the sleeping), I approach the subject by drawing a lot. Through the things I sketch, I find ideas—the brain-pencil connection is mutual. Through drawing and drawing, I form coincidences, which may allude to or trigger something.

Do you concentrate more on the image than on the type?
I focus a lot on the image. The message usually passes from the image and subject to the typography, but the message must be whole. Sometimes I can separate the image from the type, but I usually envision the whole. Sometimes the whole includes little or small typography with a grand image, and other times the poster is purely typographical. When I'm pairing an image with text, the composition may ultimately lead to the message. If a font can promote the message through the organization of its elements and characters, I'll stick with that. Generally, I like the minimum.

¿No ves a la tipografía como sólo el texto que pones después de haber llegado a la imagen?
El mensaje debe ser un todo, que a veces para lograrlo hay que hacer un divorcio tipografía-imagen, pero por lo general trato de que sea un todo, pero no lo tengo como norma. A veces el todo es la tipografía, otras hay una imagen grandilocuente, o a veces el cartel es netamente tipográfico. Cuando estoy buscando imagen también la busco con el texto, con la composición y que pueda propiciar el mensaje. Si la tipografía facilita el mensaje mediante la organización de sus elementos y caracteres, yo me quedo con eso. Trato de ir, por regla general, con el mínimo.

¿Y ese mínimo tiene que ver con el mínimo de lo moderno, de lo racional?
No, no, no necesariamente. Tengo una formación que reconozco moderna en cuanto a las funciones del diseño. La postmodernidad revierte unos cuantos de esos conceptos. Mi formación es eminentemente moderna, pero como individuo soy alguien complejo e inquieto y siempre estoy tratando de rebasarme a mí mismo. A veces, cuando hago carteles con imágenes cargadas, de pronto me saturo un poco de eso y trato de buscar otra cosa, si el mensaje lo permite.

¿Crees que toda esa conjugación de elementos, al final determinan un cartel simple y no abigarrado? ¿Una imagen más fuerte, una imagen separada de lo abigarrado, se puede convertir en una suerte de estética, una suerte de manera de ver la gráfica?
Sí, esas cosas, si son hechas por más de una persona, marcan escuela y si se marca escuela lo hacen más personas y ahí comienza la admiración y si además los que lo hacen imparten clases en el único instituto que hay en Cuba de diseño, obviamente eso se convierte en patrón casi religioso, de cómo se deben hacer las cosas. Tengo la esperanza y la fe de que haya gente más inquieta que siempre esté buscando con el riesgo de equivocarse. A partir de la modernidad hay cosas asentadas y escritas que permiten hacer piezas de comunicación de alta calidad. Se pueden hacer piezas de alta calidad comunicativa con otros recursos, pero hay recursos que están probados y que funcionan, y son muy aceptados por la crítica y el público receptor de esos mensajes. A partir de ahí te puedes quedar con determinados grupos de fórmulas y trabajar así, pero a veces hay públicos y otros sectores de la población que necesitan algo más para que la comunicación sea verdaderamente efectiva.

¿Y ese algo más lo da la postmodernidad?
Pienso que sí y lo que más me gusta de ese asunto es que

Does this minimum have to do with the Cuban modernist philosophy of the minimum, the rational?
No, not necessarily. Although I have training to recognize how modernism functions in design, postmodernism reversed a few of these concepts. My background is mainly modernist, but as an individual, I am complex and restless, so I'm always exploring new ideas. For example, when I design posters loaded with images, suddenly I'll feel saturated and try something altogether different, if the message permits it.

Do you think a strong image, devoid of color, is a kind of aesthetic that allows one to really see the design?
Yes, and this describes the current school of design thought. These formal concepts, if done by more than one person, make a design movement. If more and more people design this way and teach in the only design institution in Cuba [ISDI], it becomes like a religious pattern of how things should be done.

I have hope and faith that there are people more concerned than ever with looking to take communicative and artistic risks with their work. You can design high quality pieces with other communication resources, but there are media that have been tested and commonly work. These resources are widely accepted by critics and the public receiving such messages. While you can keep certain groups of formulas that work well, sometimes there are sectors of the population that need other kinds of communication to be truly effective.

And this other kind of communication is postmodernism?
Yes, and what I like about this subject is that it questions modernism and puts certain elements in crisis, allowing things to get complicated. That way people have to think a little more before acting or reacting. In modernism, everything is round and square, in the sense of structure, synthesis, and simplicity. Postmodernism calls these qualities into crisis, causing people to have to think a little more.

Viewing the latest generation of designers who are making posters, it seems they work with certain formulaic and visual modernist principles. But on several readings, I see things beginning to go a little beyond the direct message. For example, they play with pastiche, quotations, and even

pone en duda la modernidad y a partir de ahí se ponen en crisis determinados elementos y las cosas se complican. De esa manera la gente tiene que reflexionar un poco más antes de hacer algo. En la modernidad todo está redondo y cuadrado, en el sentido de lo estructurado, sintetizado, y a la vez simplificado. La postmodernidad pone en crisis esto, bueno, pues evidentemente la gente tiene que pensar un poco más, porque hay otros argumentos en juego.

Viendo la última generación de diseñadores que están haciendo carteles, a uno le parece que funcionan en lo formal y lo visual con determinados principios modernos, pero en sucesivas lecturas, te empiezan a sugerir cosas que van un poco más allá del mensaje directo. Juegan con pastiches, citas, incluso burlas de lo anterior. ¿Dentro de esa modernidad formal se podría hablar de una postmodernidad conceptual tanto en tu obra como en la de tus contemporáneos?
Me veo como entidad cubana, y con toda la complejidad y singularidad que tiene el ser cubano. Estamos sujetos a una realidad bastante difícil de categorizar y en ese sentido somos un producto de la postmodernidad, pero diferente a la que genera la globalización, justamente el hecho de estar un poco aislados nos hace que haya que aplicarnos leyes aparte para estudiarnos. En esencia sí somos postmodernos; estamos recibiendo influencias, tenemos trabas, pero a la vez influencias que son inevitables hasta el punto de convertirse en referencias externas y fragmentadas. Nuestras referencias son diferentes; posiblemente las referencias de dos estudiantes alemanes de diseño sean más homogéneas que las tuyas y las mías. Eso es producto de una postmodernidad, pero singular, circunscrita al hecho mayor, más grande que ser postmoderno, de ser isleño y no de cualquier isla, sino de Cuba: una isla que tiene una circunstancia muy particular. A partir de ahí sí se puede hablar de una postmodernidad, incluso en lo referente al rezago que pudiéramos tener en determinadas concepciones. Imagino que mucha gente de afuera ve el trabajo que estamos haciendo y lo ve singular en el sentido de retomar cosas viejas, incluso técnicas de impresión que han caído en desuso, contra técnicas más modernas: digitales y más. De ahí que crea que somos un producto singular, con referencias muy diferentes como individuos y eso produce diversidad. Resulta lamentable que no haya más posibilidades para que la gente pueda expresarse y desarrollar su talento. Sería muy bueno que la gente tuviera más oportunidad de imprimir sus carteles o que sus diseños puedan ser llevados a cabo por diferentes vías: que se impriman, se vean en la Web, en DVD.

Aunque somos diversos la visualidad que generamos es pobre.

mockery. Do you see any postmodern concepts in current design work?
I see the Cuban entity and the complexity and uniqueness it is to be Cuban. We are subject to a reality quite difficult to categorize, and in that sense, we are a product of postmodernism. Other than what little influence we have had from globalization, the very fact of being isolated forces a separate unique study of us. In essence, if we are postmodern and we are receiving influences, we have obstacles, so these influences become fragmented external references. Our references are different from other places in the world—possibly the references for two German design students are more homogeneous than yours and mine. We have a limited, less grown-up kind of postmodernism, unique not just because we live on an island, but because we live in Cuba—an island with a special circumstance. From this point of departure, we can speak of postmodernism, even with regard to the lag that we have in certain concepts.

I imagine that many outsiders see the work we are doing as unique in the sense of a return to the old, including printing techniques that have become obsolete. Therefore we believe we are a unique product with very different references as individuals and that this produces diversity.

In reality, it is regrettable that there aren't more chances for Cuban designers to express themselves and develop their talents. For example, it would be nice if people had more opportunities to print and view their posters and other work with a variety of media, including offset printing, the web, and DVD.

Do you believe that although we are a diverse people the visual output we generate is poor?
I think it is poor but only in the context of "in relation to." In comparison to the West, our visual work is poor, if we analyze it from that perspective and take it as the standard. But I think we have super rich visuals in common everyday signage, for example, that is not within the visual canon in other parts of the world.

Is this the pervasive attitude within Cuban design?
It is the contemporary viewpoint that is inevitable given our circumstances. You work in an isolated closed environment, and only when a foreigner shows you a piece of printed matter from their country you realize that you are building something outside the accepted canon of design. And then you realize that you are a product of something different, unique.

Creo que no hay visualidad pobre, sino en relación con. En relación con Occidente, es pobre, si la analizamos desde esa perspectiva y los tomamos a ellos como patrón. Pero pienso que tenemos una visualidad súper rica, en los letreros populares, por ejemplo, pero eso no está dentro del canon de la visualidad en otras partes del mundo. Los carteles, la gráfica popular, no están dentro de los cánones en la educación de un diseñador.

¿Y apropiarse de eso está dentro de una actitud contemporánea?
Es contemporáneo y a veces inevitable. Con frecuencia se hacen mimesis de determinadas cosas, incluso sin darse cuenta. Lo tienes todo tan cerca que sólo cuando un extranjero observa la pieza de comunicación te hace notar que estás aprovechando algo que está fuera del canon. Y ahí te das cuenta de que eres un producto de algo diferente, singular.

¿Podríamos decir que en términos visuales somos contemporáneos?
Tenemos miras comunes al resto del mundo, lo que sucede es que tenemos un acceso más fragmentado a la información y casi tenemos que volcarnos hacia nuestra propia cultura. Eso nos hace sui géneris, interesantes y dignos de ser estudiados, aunque con muy poca producción dentro del diseño.

¿Cómo podría caracterizarse el fenómeno cubano dentro del cartel?
Los carteles de inicios de la revolución para mí son de vanguardia, como igual los de los años setenta pues estaban a tono con los movimientos plásticos del momento, con los más avanzados. Aquí se estaban haciendo carteles que en muchos países los hacían sólo personas de elite, no era el cartel de la media y aquí sí eran la media. Por otra parte la producción era inmensa. Los de ahora, aunque algunos se enmarquen en una forma moderna, la trascienden.

En la actualidad hay mucho entusiasmo con el cartel por parte de los jóvenes y es un fenómeno naciente que todavía no se le ha dado una definición, pero me parece más saludable hablar de individualidades antes que hablar de un movimiento, pues la producción es muy exigua. Y hay pocas posibilidades de comparación y que esta engendre una postura en el individuo. Si la producción fuera más grande estaría todo el tiempo comparándome con mis semejantes y eso evidentemente influiría en mi obra. Creo que hay obras individuales que efectivamente están unidas entre sí es porque los autores, en su mayoría, son egresados del Instituto, con una información muy similar. Creo que aún no se puede hablar de un fenómeno, sino de gente abriendo camino, después de salir de una crisis económica y es como sacar un pescado del agua, que se mantiene

Are we able to say that in visual terms we are contemporary?
We have a common view to the rest of the world, but since we have more fragmented access to information, we have to do our utmost to create our own exclusive culture. That makes us one of a kind, interesting, and worthy of being studied, even with very little production within design.

What characterizes the phenomenon of the Cuban poster?
To me, the posters from the beginning of the Revolution are cutting edge. Posters that are 70 years old are equal to the most advanced art of the current moment. Here, Cubans were making posters that in many countries made a designer elite, since that kind of design was considered above average. These posters were designed everyday and were the norm, and as a result, all of our designers were elite. Moreover, the production was immense. Although posters of today are framed in a modern context, these older posters still transcend time.

At present, there is much enthusiasm for the poster by young designers, and it is an emerging trend that has not yet been given a definition, so it seems healthier to talk about individual designers than to talk about a general art movement because the production of current work is very low. As a result, there are few opportunities for comparison, and doing so would place an individual in a corner. If there was consistently greater production, I would consistently be compared to my peers, and that would obviously influence my work. I think that if there are individual works that are visually linked together it is because their authors are graduates of ISDI and have been taught very similar information. So I still can not speak of a phenomenon, per se, but people are opening the way as we leave the current economic crisis behind, so it's like a fish out of water that keeps flapping.

I think the poster, in its paper medium, though not in crisis, is increasingly being used less. The poster has other applications. One friend of mine designs banners for web sites—the poster in the digital world. While there has been a change of medium, it is still a similar means of communication.

What is your critique of today's poster design?
By noting that almost all who are now working in poster design are graduates of the Institute, we realize that all designers are using very functional, modernist design principles but we are designing unique posters that are open to multiple readings.

aleteando. Yo pienso que el cartel, en su soporte papel, aunque no está en crisis, cada vez se utiliza menos. Y el cartel tiene otras proyecciones, como dice un amigo: en los sitios web un banner es como un cartel. El cartel en el mundo real y el banner en el mundo de los internautas. Ha ocurrido un cambio de soporte, pero es un área que tiene un mensaje, donde hay que dar un conjunto de información grande.

Al observar que casi todos los que están trabajando ahora en el campo del cartel somos graduados del instituto, se percibe que estamos actuando con principios muy funcionales, pero se abren las lecturas a multiplicidad de puntos de vista. Mientras anuncian un filme, o un concierto, se utilizan y se sirven de recursos post, con una forma moderna pero con conceptos post. Esto tiene que ver con el interlocutor cubano y con un creador también nacional. Y creo que ambos necesitan por regla general para validar su trabajo, una dosis de humor. Los suizos hacen carteles y organizan bien los textos y su mensaje, y ahí están. Nosotros necesitamos de un guiño para que ese interlocutor se sienta cómplice. La intertextualidad y demás recursos son una manera seria que te permite satirizar, lo que en la cultura popular es una chanza o relajo típicos del cubano. Son maneras más sofisticadas y elitistas de provocar el humor, de hacer una broma porque generalmente los públicos para esos carteles se mueven en registros más elevados y generamos, al mismo tiempo, una complicidad con el espectador. En mi caso particular, si no hago eso en mis carteles, me parecen vacíos, porque siento que lo que quiero decir no está en la manera que deseo.

Hay un plus añadido....
Cuando valoramos, desde el diseño, un afiche, buscamos una idea interesante, y una manera de decir, de dar ese mensaje pero generando una complicidad con el receptor, convertirlo en coautor de ese mensaje. Que descubra cosas, pues es gratificante descubrir. Y el mensaje no se convierte en una orientación, en mera información. En eso va parte de lo conceptual de la cartelística y creo que eso lo hemos heredado de los carteles de los años sesenta y setenta.

Cuando valoramos como interesante un cartel, casi nunca es tácito, y me disculpas la referencia, pero no es como lo haría un alemán. Y más que con lo post o lo moderno, eso tiene que ver con la naturaleza del cubano.

Alguien me decía que estábamos funcionando de manera postmoderna, antes de que los europeos dieran con la teoría. ¿Crees que es así, o que nos hizo falta la teoría para descubrirlo?
Pienso que eso es parte de ese rasgo muy cubano que es el chovinismo. Ningún europeo de mierda pudo haberlo descubierto antes que nosotros. La condición insular provocó un desarrollo diferente. Estábamos haciendo cosas antes que

For example, while creating a poster for a film or concert, designers utilize and serve postmodern means and forms but incorporate concepts.

Playing with parts of speech and other means of communication allows you to satirize what in popular culture is a joke or "typical mess" to Cubans. There are more sophisticated and elitist manners of provoking humor or making a joke and generally these methods of communication move in higher registers than what the public can fully understand, while at the same time sharing a complicity with the viewer. If I do that on my posters, I feel empty, because I feel what I want to really say is not being communicated in the manner I want.

Is there an added plus to this kind of communication?
When we value a poster from a design point of view, we look for an interesting concept and examine its manner for communicating that message. We are also interested in the creation of a complicity with the receiver, turning the viewer into a co-author of that message. As a viewer, it is rewarding to discover things, so the message does not guide you, but information that you help to guide. This is the conceptual poster art that we inherited from the posters of the 1960s and 1970s.

When we admire an engaging poster, its meaning is almost never unspoken. Postmodernism or modernism aside, that is the Cuban nature.

Someone told me we were established in postmodernism even before the Europeans gave a name to the theory. Do you agree?
I think that this is part of the chauvinistic Cuban character: No European could have discovered it before us. Our insular condition led to a different investigation. Truthfully, we were making things before someone developed any kind of theory, and we practiced our art without waiting for others to recognize us. We are subject to many influences, and the confluence in our country of many cultures over the centuries makes us Baroque par excellence.

However, isn't it funny how that mixture of cultures does not produce a colorful poster?
I do not think that is entirely so. There are many colorful examples of work in Cuban poster art. Reboiro, for example, is an amazing poster designer, so immersed in the trends of the moment: pop, op art, etc. He designed many posters with colorful vignettes.

alguien las teorizara, nos fuimos a la práctica sin dejar de ser los elegidos. Estamos sujetos a muchas influencias, y la confluencia en nuestro país de muchas culturas nos hace barrocos por excelencia.

Sin embargo es curioso cómo esa mezcla no produce un cartel abigarrado.
No creas que es tan absoluto. En la cartelística cubana hay varios ejemplos de cartel abigarrado. Reboiro, por ejemplo, es un cartelista en buena medida interesante por eso, inmerso en las tendencias del momento: pop, op, etc. Hacía carteles con viñetas, abigarrados.

Sí, es cierto, pero se separa de un conjunto. Reboiro transita por una línea muy individual, más personal y ahí te pregunto, ¿consideras el cartel como una obra más personal?
El cartel dentro de las piezas de comunicación es uno de los soportes que más exige del diseñador una interpretación y una familiarización, involucrarse más con el tema, sobre todo cuando es cultural. Entiéndase instituciones o una obra de arte en sí -obra de teatro, filme. Ahí hay una dosis de interpretación mucho más grande por parte del diseñador.

De alguna manera dejas más de ti en el cartel...
Mucho más y no por eso más importante de lo que puedes dejar en el diseño de una etiqueta para un producto farmacológico o en la señalización para un hospital. Evidentemente la subjetividad siempre esta ahí, uno no puede desprenderse en ningún caso de ella, pero en el nivel de involucramiento de un diseñador con el fenómeno, un diseñador pone mucho de su cosecha, de su cultura y de su interpretación. Cuando uno hace un cartel para cine, al menos en nuestra concepción, a diferencia de Hollywood donde el diseñador queda en un plano bastante vergonzoso, nosotros estamos más cerca de una realización individual. Cuando estás claro de la idea de un realizador para con su filme, podrás generar un pieza gráfica que participe de la idea del realizador; igual con una obra de teatro, un libro o un evento cultural.

La cultura es más abierta para incluir al diseñador y aprovecha del diseñador el componente subjetivo e intelectual.
Claro, como sujeto que expresa algo, y estoy convencido de eso. Aunque a algunos les duela, pienso que más allá de la calidad de un diseñador no haremos el mismo cartel para el mismo filme, los mensajes siempre serán diferentes y esa diferencia estriba, precisamente, en las interpretaciones que tú haces de algo, las lecturas, lo que para ti pueda ser más importante. La jerarquización de las ideas en un mensaje también está en juego. Diferentes diseñadores, en sus aproximaciones, generan estructuras jerárquicas diferentes.

Yes, true, but he is separate from the rest of the designers of his day. Reboiro's work is the first to cross the line and become individual and personal. So here is the question: Do you consider the poster as a kind of personal work?
The poster within the body of communication is one where more interpretation and personal familiarity is required on the part of the designer, especially when promoting a cultural event. It goes without saying that if a designer has a greater knowledge of known institutions or a famous work of art, play, or film, the resulting work is more personal.

In some way do you leave a piece of yourself in the poster?
And much more, not that poster design is more important than what you leave in the design of a label for a drug product or signage for a hospital. Obviously there is always subjectivity that one can not discard in any way, but the level of involvement of a designer with the poster places tremendous importance on its culture and its interpretation. When you design a poster for film, at least in our view—unlike Hollywood where the designer is in a plane quite embarrassing—we are closer to a realization. When you understand the intention of a director for his film, you can generate a graphic piece that participates in his ideas, which is equal to its own event like a play, a book, or a cultural event.

Do you agree that our culture is more open to including the designer and approves of the designer's subjective viewpoint and intellect?
Of course, in terms of expressing a message, I'm convinced of that. Each designer will visually interpret a film in a different manner, communicating a slightly different message each time. Sometimes this variation may hurt a designer's pride when his film poster is redesigned by another designer for a new re-showing of a film. The hierarchy of ideas in a message suddenly shifts—different designers, in their own approaches, generate different hierarchical structures.

Do you see design as an efficient product with a limited life?
Efficient and with a limited life in principle, but sometimes the communication withstands time and is superseded by its aesthetics. A poster is a piece of communication but it is one of the establishments of visual culture, possibly stronger than any work of art. I believe the poster, with its ubiquitousness, is more important to popular visual culture of a society

Cuando haces los carteles, ¿cómo te sientes, diseñador, creador, artista... ?
Si estoy haciendo un cartel me siento un diseñador creativo. Cuando hago otra pieza de comunicación, hay veces que me siento un diseñador eficiente, pero cuando hago un cartel, mi sensación personal es de ser un individuo creativo, que da una respuesta interesante ante una solicitud. En el cartel siento que puedo desenvolverme como sujeto creativo, inquieto y con un pensamiento que es capaz de generar un producto eficiente.

Es un producto eficiente con una vida limitada.
Un producto eficiente, en principio con una vida limitada, pero con la necesidad de que rebase su tiempo comunicacional y se convierta en un hecho estético también, sin que sea lo primero. Siento que un cartel es una pieza comunicacional pero que es hija de la cultura visual, posiblemente más sólida que cualquier obra de arte. Estoy convencido que el cartel, por la capacidad que tiene de ubicuidad, es más importante para la cultura visual de la sociedad, por una situación de acceso del público a esa pieza gráfica. Igual que una ilustración, igual a lo que se reproduce. Por ser un hecho comercial no clasifica como las bellas artes, mientras en términos económicos se reduce su valor. Reviste, por otro lado, una importancia social más grande que cualquier obra de arte.

No solamente se trata de anunciar o promover, sino que otra de sus responsabilidades es la de contribuir a una educación visual y cultural.
Precisamente, a una educación en sentido general, pero sobre todo visual. Creo que una de las funciones del diseño gráfico está en elevar el goce de la vida en el individuo, que el individuo viva en una galería cuando vea un cartel; que el mensaje sea transmitido de la mejor manera. Al igual que el lenguaje, no es igual que te digan algo en un lenguaje chapucero a que te lo digan con las mejores maneras y palabras, creo que eso es también una manera de cultivar al receptor del mensaje. Más allá del mensaje mismo, un mensaje, aunque llegue al receptor y él haga lo que tú propones, tiene que llegar de la mejor manera. Hay ahí una dosis de democratización de la cultura cuando uno hace diseño o ilustración, cuando uno hace una imagen que se va a reproducir. Eso es una responsabilidad muy grande, mayor que la que puede tener un artista con la obra de arte, quien debe tener, en esencia, un compromiso más consigo mismo que con la sociedad. Pienso que el diseñador gráfico tiene que tener ese compromiso pues implica respeto al receptor. En aras de ese respeto debe elevar su nivel cultural todo el tiempo.

than other forms of art. As a commercial entity, the poster does not qualify as fine art, and in economic terms, its value is low; on the other hand, the poster embodies greater social importance than any work of art.

Is the role of the poster not only to advertise or promote, but to contribute to visual and cultural education?
Indeed, to education in general, but especially to visual education. I think one of the functions of graphic design is to enhance the enjoyment of life in an individual. An individual lives in a gallery every time they pass by a poster, and it is with this in mind that the poster message is transmitted. Posters are a way of cultivating the culture's language. Beyond a message reaching the receiver and persuading them to do what you propose, you must arrive at the solution in the best way: There is a dose of democratization of culture when you create a design that will be reproduced and shown in a variety of spaces. That's a big responsibility, more than you have as a painter or sculptor, who should have, in essence, a greater commitment to himself than to society. I think the graphic designer has to have a strong commitment to society and respect for the receiver. For the sake of that respect, designers must raise the cultural bar all the time.

Plus poster design can become transcendent.
It surpasses the limits of excellence because poster design can reveal the visual history of a country.

In recent years there has been an exodus from the design profession. How does this affect the select group of young designers who create posters?
It is a complex phenomenon worth studying. On the upside, the exodus of designers has enabled the remaining young designers to have more serious responsibilities throughout the graphic design field. When designers are plentiful that does not happen. Personally, the exodus has benefited me since I have greater and faster access to design jobs, and I have been able to work in more diverse and interesting environments. I also have an advantage because compared to young designers, I have more experience.

Y ese plus lo puede convertir en trascendente.
Se vuelve trascendente porque se puede estudiar la historia visual de un país, de una cultura mejor por sus piezas de comunicación que por sus artistas.

En la cartelística, que como sabemos no está al alcance de todos los diseñadores, hay un grupo de gente muy joven trabajando. ¿Cómo ves el éxodo que ha venido experimentando la profesión en estos últimos años?
Es un fenómeno complejo, digno de ser estudiado. El éxodo de diseñadores ha permitido que los jóvenes tengan responsabilidades más serias en todo el entorno del diseño gráfico. Cuando los diseñadores abundan eso no pasa. Yo tengo una opinión muy personal, y es que a mí el éxodo me ha beneficiado, he accedido más rápido a muchos trabajos. Para mí ha sido bueno, he trabajado en entornos más diversos y más interesantes. El conjunto de diseño que ofrezco, que generalmente los jóvenes ofrecen, puede ser inexperto.

¿Hay un rompimiento con la tradición o los jóvenes miran al pasado y se convierten en continuadores?
Para hacer rupturas tiene que haber un sedimento, cuando eso no existe, siento que estamos caminando en la ceguera. Si hubiera un seguimiento y los diseñadores se anquilosaran y tuvieran resultados legitimados, los jóvenes podrían aspirar a romper con eso. Pero al no ocurrir, la necesidad de romper se atenúa, hay muy poco, los clásicos de los sesenta están demasiado remotos. No hay nadie con quién romper. Apenas hay diseñadores de 30 a 40 años, gente relativamente joven que pudiera ser dueña de alguna gráfica, entonces los jóvenes no tienen a qué contraponerse.

Eso no ha favorecido una gráfica arriesgada.
Sería más arriesgada si hubiera a qué contraponerse. Si no hay nada uno se afilia a códigos más conservadores. Si no hay sentimientos de aversión hacia lo anquilosado, legitimado, que ya es indiscutible que es una postura típica de la juventud, no se genera inquietud en los jóvenes de buscar nuevas maneras. Hay personas que son más inquietas, experimentales, pero no es un sentimiento generalizado. No hay nada contra qué estar en contra. En el ISDI no hay una escuela sólida. Uno se queda y hace lo que le da la gana. Si hubiera una estructura más sólida, jerarquizada, el joven que se queda impartiendo clases se vería obligado a buscar nuevas respuestas, a generar un modo de validar su propuesta. Al no haber nada establecido, ese estrato que hay en las profesiones y en las disciplinas no funciona.

Is there a break with tradition or have young people looked to the past and become followers of the established tradition?
To make a break there must be sediment. If we look back and see that design has ossified, then young designers can aspire to break with that. But since this has not occurred, the need to cut free has faded. Also, there has been very little happening in the past number of years and the classics of the 1960s are too remote to rebel against. Truly, there is nothing to break from. Since there are hardly any designers between 30 and 40 years old, relatively young people have nothing to contradict.

This atmosphere has not promoted more adventurous design.
There would be risky work if there was something from which to rebel. With nothing to contradict, designers turn to more conservative codes. If there are no feelings of aversion to that which is stale or legitimized, it is a typical posture of youth not to seek out new ways of communication and expression. Some individual people are more restless and experimental, but it is not an overriding sentiment. ISDI is not a solid school: One is and does what one wants. If design education provided more structure and hierarchy, then the young man who is teaching classes would have something to contradict and would need to find new answers and generate a way to validate students' design proposals. Without any establishment, the design profession has no discipline or function.

Even so, contemporary posters are still efficient, accurate, fresh, and somehow in line consistent with classic design.
Right now poster design is correct and safe in visual and conceptual terms, which is not typical of youth, who typically want to make work that is risky. Current posters are efficient, which is good, but not adventurous. Youth needs to make mistakes and try new things. When a design is "correct" it is as if a designer has been working in this field for 40 or 50 years and has become stale. There is much "good" design that fulfills its purpose—our school is "good," which fulfills the obligation to teaching its lessons well, but there is no feeling of youthful transgression.

Los carteles son eficientes, correctos, frescos y de alguna manera están en una línea coherente con ese diseño clásico.
Los diseños de carteles, ahora mismo, son correctos. Cosa que no es típica de la juventud, la gente se gradúa y hace carteles que son diseños correctos, pero no son arriesgados. Son eficientes, que es bueno, pero no son arriesgados y juveniles. La juventud necesita equivocarse, intentar remover cosas, cuando un diseño es correcto es como si lo hubiera hecho un diseñador de 40 o 50 años. Hay mucho diseño correcto, que cumple su objetivo, nuestra escuela es buena, donde se enseñan muchas cosas, se aprenden muchas cosas, pero no hay ese sentimiento juvenil de trasgresión.

¿Hay trasgresión en tus carteles, o te sientes correcto?
A veces lo intento, pero creo que en general he sido más correcto que trasgresor.

Sin embargo, algunos consideran que tu obra es de las más adelantadas.
En otras circunstancias yo hubiera ofrecido otro resultado, no sé si mejor o peor, pero definitivamente otro tipo de resultado. Muy joven, he tenido que hacer un cartel para algo importante y ese compromiso me ha hecho dejar a un lado cualquier grado de experimentación. Con un movimiento cultural juvenil más sólido, y teniendo la oportunidad de hacer otros carteles para cosas menos grandes (carteles para cosas más propias de mi edad) tal vez hubiera hecho carteles más experimentales y con el riesgo mayor de equivocarme.

Son correctos en su forma, pero arriesgados en su propuesta conceptual.
Soy un amante de la forma, pero me gusta que haya intenciones conceptuales. Lograr un cartel, con formas de pronto mínimas, me place mucho y de pronto hacer otro, por contraste, y ser aditivo, algo incluso que no va con la formación que se practica. De utilizar varios elementos, a la larga, creo que me ha llevado a buscar una comunión entre la forma y lo conceptual. Trato de que sean los carteles, en la medida de las posibilidades, arriesgados. Trato de buscar un mensaje que mueva al público, de sorprenderlo, a veces por la forma en sí, a veces por lo conceptual. Cuando logro sorprender, creo que la gente logra entender un mensaje y se descubren cosas dentro del cartel.

Is your work risky or simply "correct?"
I think, in general, I have been more correct than transgressive.

However, designers and critics believe that your work is the most advanced of all contemporary work.
In other circumstances I would be viewed differently—I do not know for better or worse. When I was very young, I had to make a poster for something important and that commitment made me put aside any amount of experimentation. With a stronger youth cultural movement, and having the opportunity to design work beyond large posters, perhaps I would have done more experimental work and taken a greater risk of being wrong.

Do you mean work that is correct in form, but daring in its conceptual proposal?
I am a lover of form, but I like conceptual intentions. I can create an accomplished poster with minimal forms and be pleased. Then, I suddenly have to make another, and by contrast be additive and experimental, something that doesn't even match my training. Exploring the use of multiple elements has led me to seek communion between form and concept. I try to see the posters as possibilities and adventures, hoping to find a message that moves or surprises the audience. When I can surprise, I think people who might not normally understand a message find things within the poster to think about.

And from a communicative perspective, it is important that people see a little further, going beyond the mere reading of information on the poster. The aim is for them to look for something else, such as cultural references, which challenge social norms.

In alluding to information beyond what is being explicitly communicated in a poster, do you design with the mind set of creating art as an artist or as a participant in postmodernism?
If we live in postmodern times, then we are products of that, whether you are an artist or designer. This is true no matter how one tries to step outside this. If what art historians and philosophers study is true, I can kick and throw a tantrum, but I cannot escape the era in which I live.

El trasfondo conceptual a veces es más rico que la propia forma. La gente se siente más aludida cuando lo que dices lo haces de una manera interesante, y cuando la gente ve cosas más allá se siente partícipe del mensaje. Y creo que desde una perspectiva comunicativa es importante que la gente vea un poco más allá. No solamente la mera lectura. No sólo la información neta, buscar algo más, sobre todo si se trata de la cultura, que busca una idea.

En ese mismo ver más allá ¿no te acercas al arte o a lo post?
Creo que si vivimos en lo post, somos productos de eso, aunque quiera, no me puedo sustraer a eso. Si es verdad lo que estudian los historiadores del arte, los filósofos, aunque patalee, aunque me dé una perreta, evidentemente no se puede ser lo contrario.

Creo que eso les pasa a todos los diseñadores, tienes la expectativa de un trabajo y hay una realidad económica que te condiciona. Esa limitación me parece un reto a la creatividad del individuo, si tu idea no va con el soporte, tienes que generar otra cosa adaptada para una técnica u otra. Eso incrementa el reto de hacer algo creativo con más o menos medios, o con una técnica u otra.

Decir, literalmente, más con menos...
O decir con más de determinada manera, porque no hay otra, no hay otro canal ni soporte. No hay otra manera y tienes que condicionar el mensaje y creo que eso es bueno para el diseño. En el plano personal quisiera resolverlo de otra manera, pero en el real de la profesión es un reto más.

¿Sientes que la técnica te ha obligado a pensar más allá?
Definitivamente es una técnica que condiciona el pensar y la visualidad. Tanto, que a veces tengo otras posibilidades de impresión y, sin embargo, tengo asumida una manera de representar que tiene que ver con ese soporte y lo llevo al punto que me cuesta trabajo moverme con otros recursos formales.

El soporte nos condiciona a una estética.
Estoy harto convencido y el que piense lo contrario, por favor, que empiece a diseñar para serigrafía, que es una estética bastante abierta y diversa pero con límites y hay cosas que no puedes hacer y dentro de lo que no puedes hacer se te reduce el espectro, al punto que comienzas a ver puntos en común en la obra de diseñadores bien diferentes.

Pero las soluciones siguen siendo buenas y diversas; la técnica no te afecta creativamente.
Pienso que muchos diseñadores contemporáneos deberían probar su efectividad en este tipo de técnica que restringe

Are there technical limitations with screen printing posters?
Well, you try to do everything you can based on that medium's limitation. You have to know the technique, and from there you can make things simpler or more complex. The complex is difficult, at times, because the mode of reproduction is not meant for this. So one has to take into account the ink, the density of the silk, etc.

What happens to all designers at one time or another is that they have certain expectations and anticipations with a job, but suddenly the economic reality affects them. That limitation challenges the creativity of the designer: If your idea is not technically or economically feasible, then you have to generate a suitable alternative that can be accomplished. Actually, you get challenged even more to do something creative with less means, as in using a specific technique like screen printing.

For example, sometimes you would like to resolve a solution with a photograph using off-set printing, but in the end, you have to use screen printing. Is the goal then to create more with less?
Yes, you need to say more with less because there are no other economic channels or support to aid in producing technically complex work. Even so, limitations can be good for design. On a personal level, I might like to solve a problem utilizing other kinds of media, but in reality, the profession is a challenge with its prevalent use of screen printing.

How has computer technology affected your work?
Technology has impacted both the way I think and work, so much so that even though I get enthusiastic over the array of communication options within this media, I have assumed a way of working that is consistent with the reality of printing techniques available and realize I can't move forward with other media options.

Our available media conditions us to a specific aesthetic.
I would like to think otherwise, but to start designing for screen printing, which has its fairly open and diverse aesthetic, you face limits. There are things you can not do and this reduces the communication and artistic spectrum to the point that you begin to see commonalities in the work of designers who are quite different otherwise.

tanto al diseñador a determinados tipos de soluciones. Sería un buen ejercicio. Hacer un mensaje con esas restricciones, a ver si de verdad son buenos, podría ser una manera de probarse.

¿Un mensaje en serigrafía es más complicado de lograr?

Llegado un momento, la gente adopta determinados clichés y se hace fácil también, no creo que sea más fácil de una manera u otra, pero hay límites y donde hay límites hay que andar al hilo. A diferencia de otras técnicas donde sí usas códigos de la serigrafía, no importa, porque se imprimen igual.

¿Y tus carteles te satisfacen?

Me hace feliz mi profesión, lo que hago, me siento lleno espiritualmente.

Do you feel the screen printing technique affects you creatively?

I think designers from other countries should test their effectiveness within this type of art to see how their creativity and design solutions would hold up to this kind of restriction. It would be a good exercise. Making a message with these restrictions separates the wheat from the chaff.

Is a digital, on-screen message easier to achieve than one that is screen printed?

It would be simple to say that digital media is easier to create than screen printing. I do not think that it is easier in one way or another, but where there are limits and boundaries, as in screen printing, you have to walk straight and understand the technology well in order to achieve success. The necessary codes for designing digitally do not apply to screen printing; however, one can apply the codes for screen printing digital media seamlessly.

Do your posters give you satisfaction?

My job makes me happy, and I am filled spiritually.

Carteles diseñados por Nelson Ponce: *La bella de la Alhambra, Ecuación de los 3 Juanes, Barrio Cuba* y *Te espero en la eternidad.*

Posters designed by Nelson Ponce: *The Beauty of the Alhambra, The Equation of the 3 Juans, Barrio Cuba,* and *I Wait for You in Eternity.*

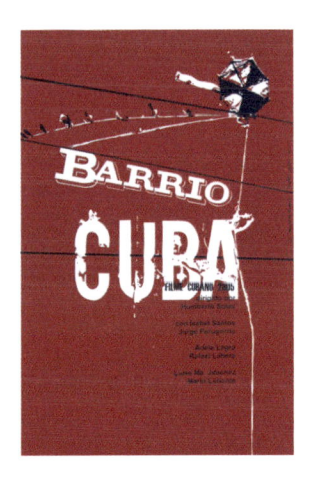

the phenomenon

RENÉ AZCUY CÁRDENAS • 1975

La herradura partida
Unión Soviética

The Horseshoe Game
Soviet Union

265

ANTONIO PÉREZ (ÑIKO) GONZÁLEZ • 1976

El ciudadano se rebela
Italia

The Citizen Rebels
Italy

ANTONIO FERNÁNDEZ REBOIRO • 1978

Che: comandante amigo
Cuba

Che: Major Friend
Cuba

ANTONIO PÉREZ (ÑIKO) GONZÁLEZ • 1979

...Y la noche se hizo arcoíris
Cuba

...And the Night Became a Rainbow
Cuba

RENÉ AZCUY CÁRDENAS • 1977

El acorazado Potemkin
Unión Soviética

Battleship Potemkin
Soviet Union

el fenómeno

ANTONIO PÉREZ (ÑIKO) GONZÁLEZ • 1975

Loca venganza
Estados Unidos

Rage
United States

ANTONIO PÉREZ (ÑIKO) GONZÁLEZ • 1976

Nace una comunidad
Cuba

The Birth of Communication
Cuba

ANTONIO FERNÁNDEZ REBOIRO • 1978

Una mujer, un hombre, una ciudad
Cuba

A Woman, a Man, a City
Cuba

ANTONIO FERNÁNDEZ REBOIRO • 1977

Imágenes
Estados Unidos

Images
United States

el fenómeno

ANTONIO PÉREZ (ÑIKO) GONZÁLEZ • 1977

No sólo Pedro es culpable
Checoslovaquia

Orange Boy
Czechoslovakia

274

ANTONIO FERNÁNDEZ REBOIRO • 1976

Sokolovo
Checoslovaquia

Sokolovo
Czechoslovakia

el fenómeno

ANTONIO FERNÁNDEZ REBOIRO • 1979

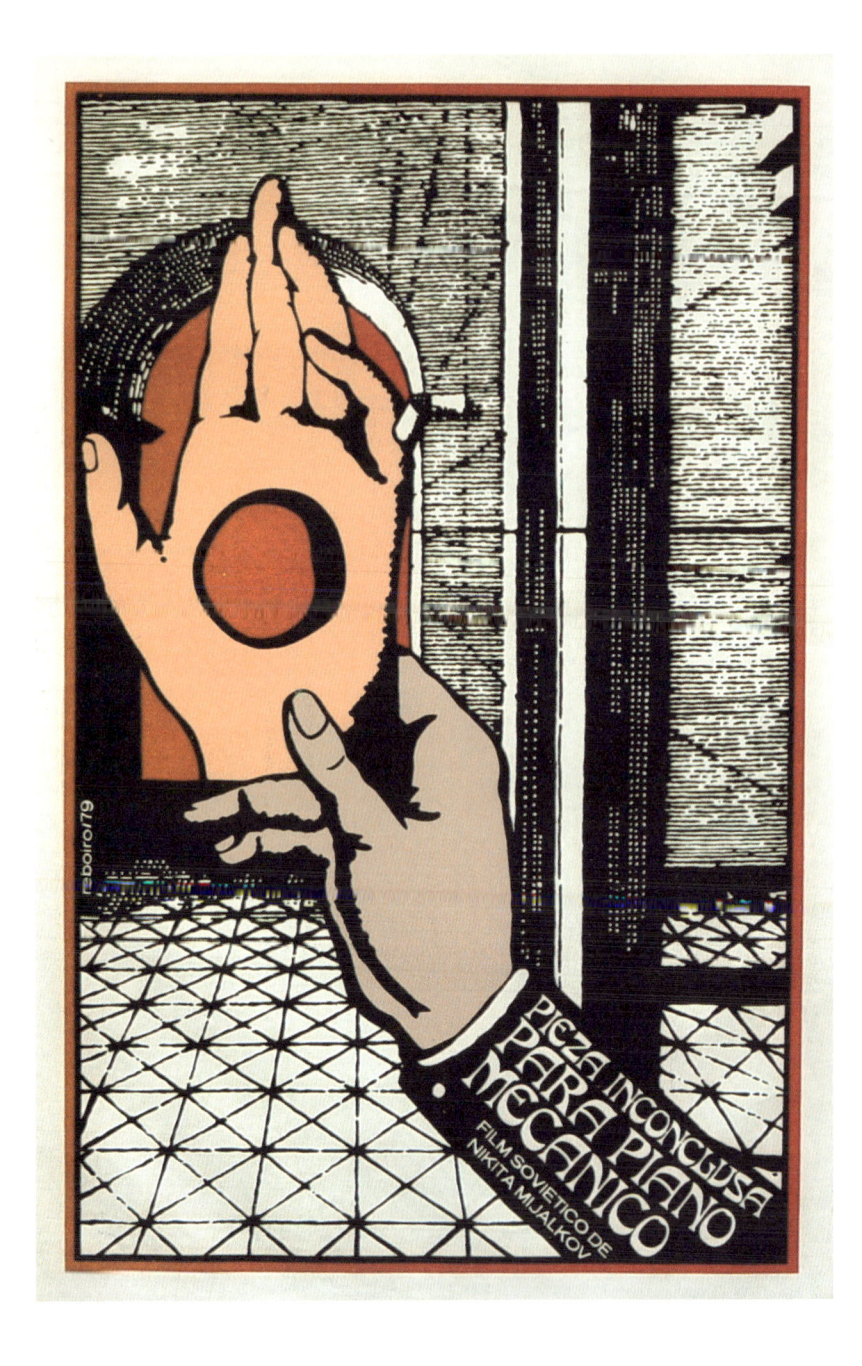

Pieza inconclusa para plano mecánico
Unión Soviética

Platanov
Soviet Union

276

ANTONIO FERNÁNDEZ REBOIRO • 1975

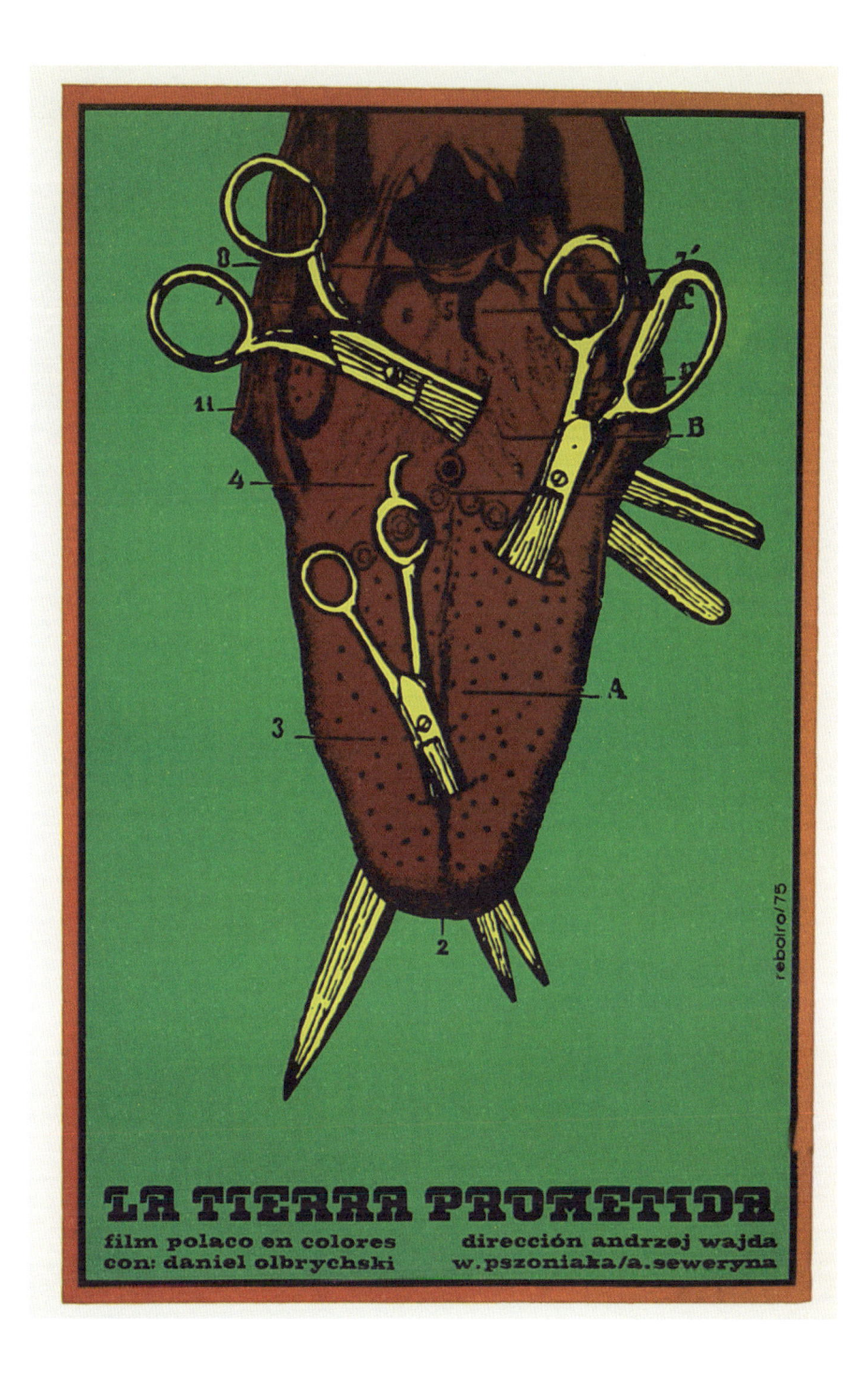

La tierra prometida
Polonia

The Promised Land
Poland

RENÉ AZCUY CÁRDENAS • 1975

Puerto Rico
Cuba

Puerto Rico
Cuba

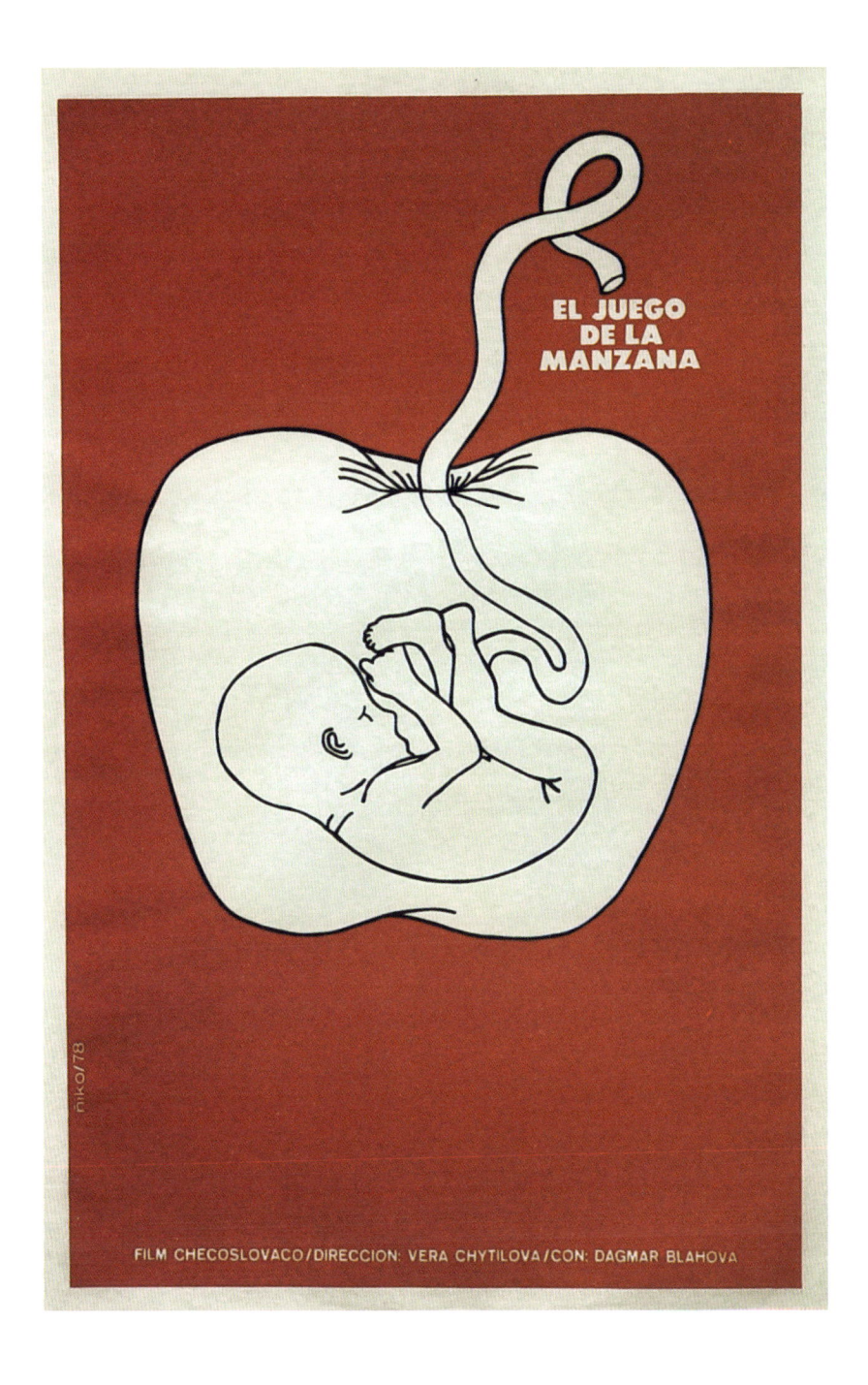

ANTONIO PÉREZ (ÑIKO) GONZÁLEZ • 1978

El juego de la manzana
Checoslovaquia

The Apple Game
Czechoslovakia

ANTONIO PÉREZ (ÑIKO) GONZÁLEZ • 1979

Llovizna
México

Drizzle
Mexico

ANTONIO PÉREZ (ÑIKO) GONZÁLEZ • 1977

Nos amamos tanto
Italia

We All Loved Each Other So Much
Italy

ANTONIO PÉREZ (ÑIKO) GONZÁLEZ • 1977

Nuestros años felices
Estados Unidos

The Way We Were
United States

EDUARDO MUÑOZ BACHS • 1977

Cría cuervos
España

Breeding Ravens
Spain

ANTONIO FERNÁNDEZ REBOIRO • 1978

El piropo
Cuba

The Rooster
Cuba

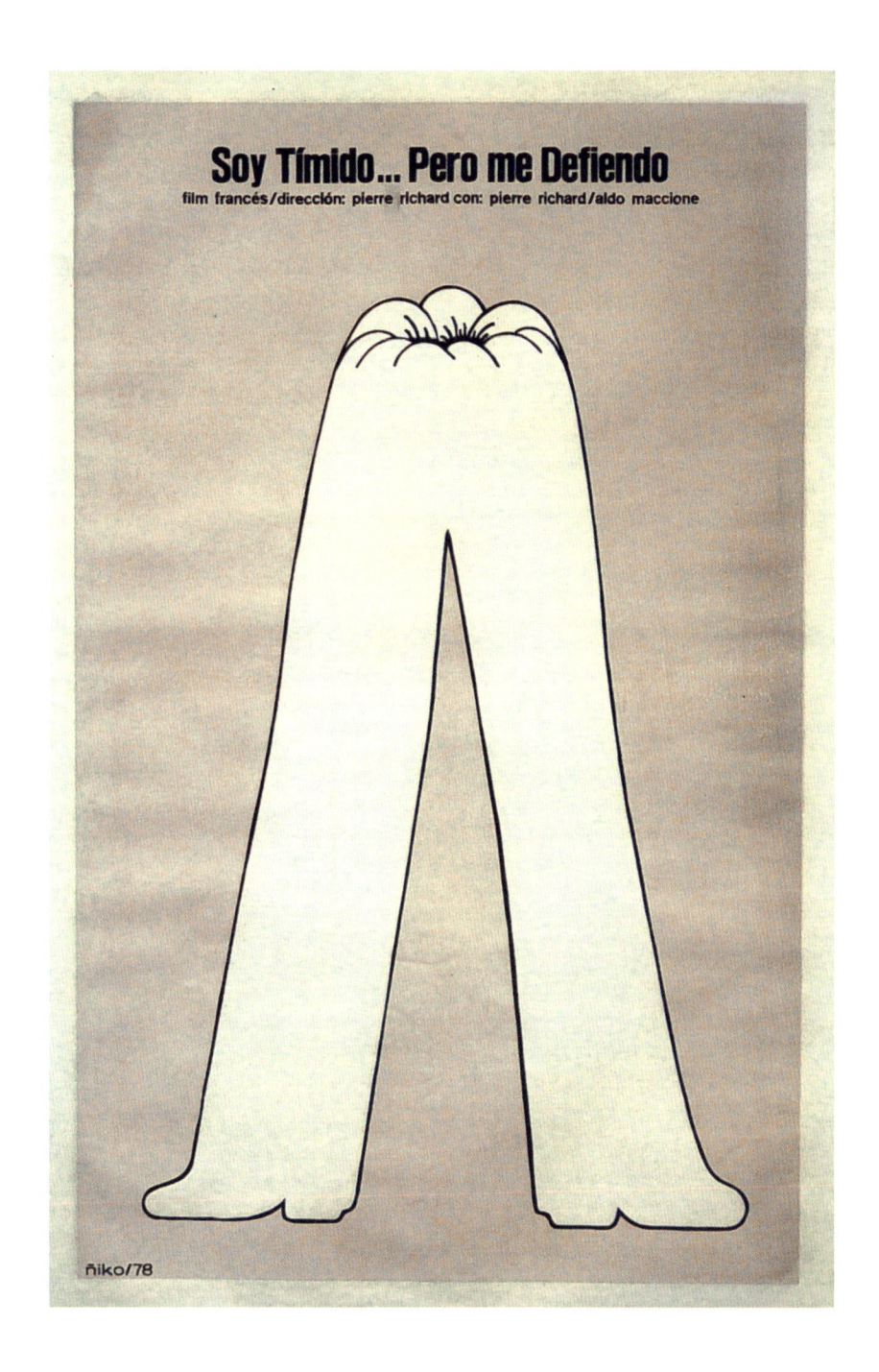

ANTONIO PÉREZ (ÑIKO) GONZÁLEZ • 1978

Soy tímido . . . pero me defiendo
Francia

I'm Shy . . . But I Defend Myself
France

el fenómeno

EDUARDO MUÑOZ BACHS • 1977

En las tinieblas
Inglaterra

In Darkness
England

286

JULIO ELOY MESA PÉREZ • 1976

La estructura del cristal
Polonia

The Crystal Structure
Poland

JULIO ELOY MESA PÉREZ • 1977

Tierra 1930
Cuba

Earth 1930
Cuba

the phenomenon

JULIO ELOY MESA PÉREZ • 1975

Yo la vi primero
España

I Saw It First
Spain

RENÉ AZCUY CÁRDENAS • 1975

La trampa
Polonia

The Tramp
Poland

RENÉ AZCUY CÁRDENAS • 1975

La gente se divierte
Rumania

Funny People
Romania

el fenómeno

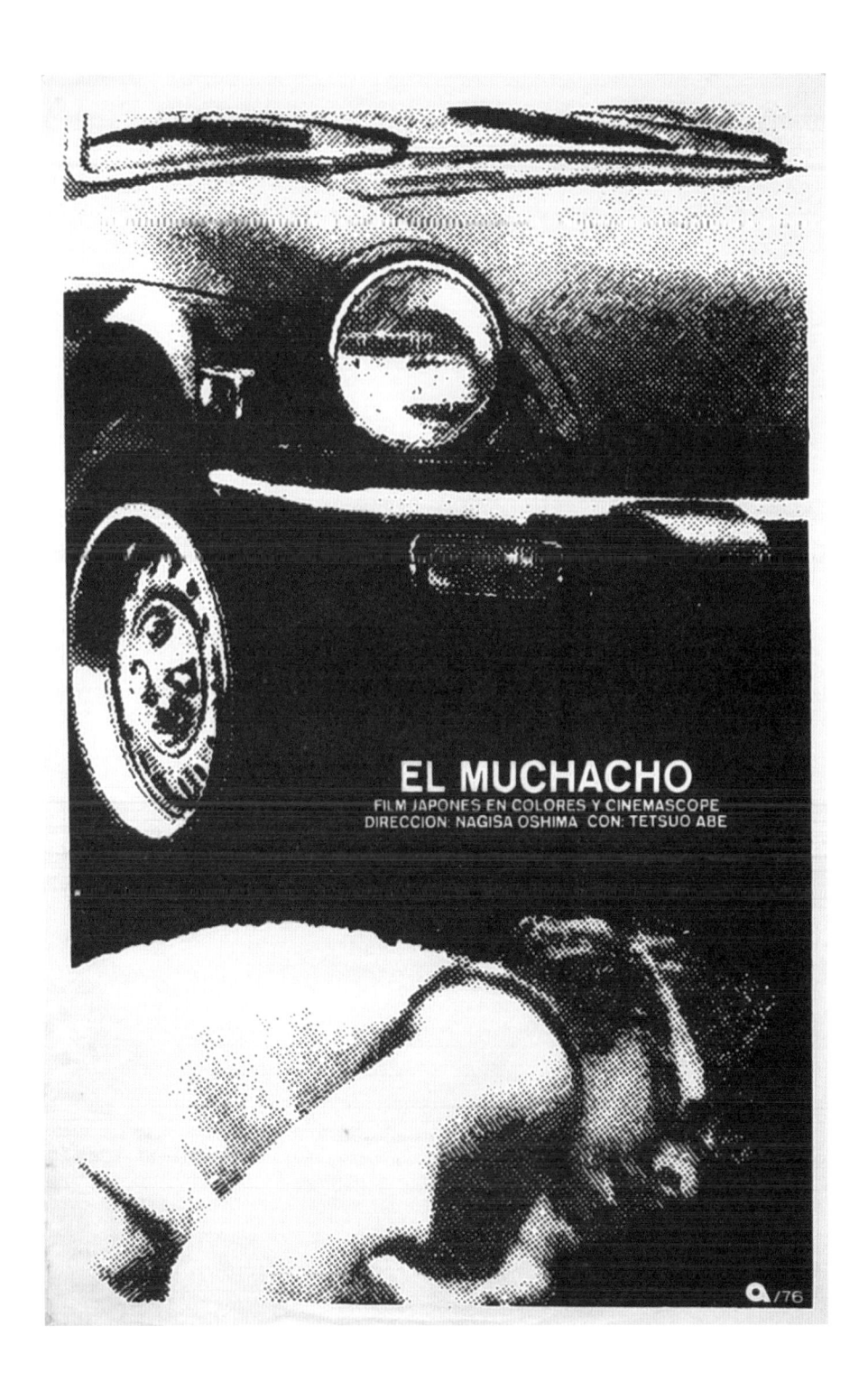

RENÉ AZCUY CÁRDENAS • 1976

El muchacho
Japón

The Boy
Japan

PEDRO FERNÁNDEZ FRANCO • 1975

RENÉ AZCUY CÁRDENAS • 1975

Sulkari
Cuba

Sulkari
Cuba

RENÉ AZCUY CÁRDENAS • 1981

Rita
Cuba

Rita
Cuba

el fenómeno

RENÉ AZCUY CÁRDENAS • 1975

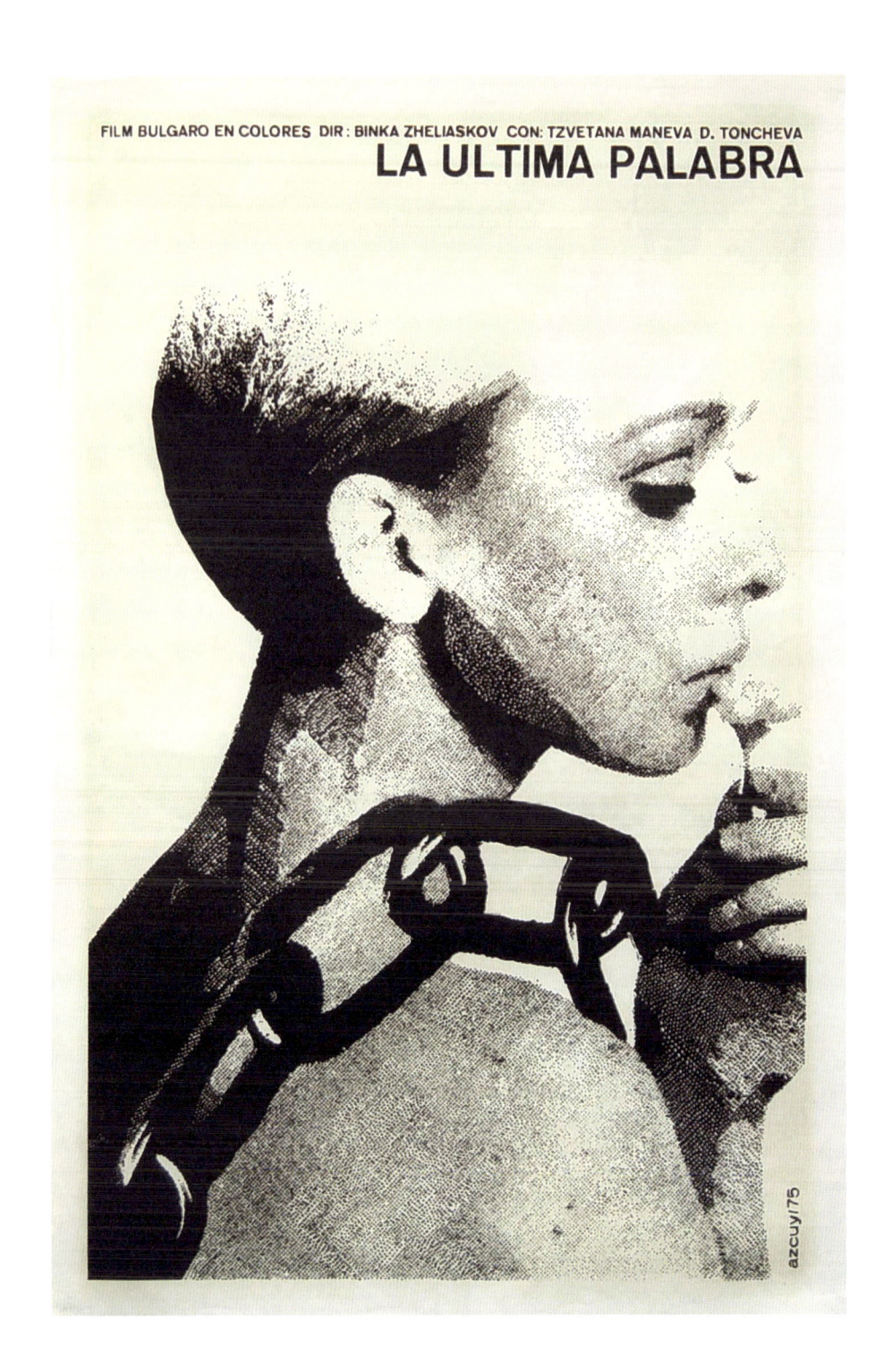

La última palabra
Bulgaria

The Final Word
Bulgaria

the phenomenon

RENÉ AZCUY CÁRDENAS • 1975

El chicuelo
Estados Unidos

The Kid
United States

RENÉ AZCUY CÁRDENAS • 1976

Las fuerzas vivas
México

Active Forces
Mexico

RENÉ AZCUY CÁRDENAS • 1975

Con las mujeres cubanas
Cuba

With Cuban Women
Cuba

RENÉ AZCUY CÁRDENAS • 1976

RENÉ AZCUY CÁRDENAS • 1979

Los sobrevivientes
Cuba

The Survivors
Cuba

RENÉ AZCUY CÁRDENAS • 1976

Alarma en el campamento de pioneros
Unión Soviética

Alarm in the Pioneer Camp
Soviet Union

RENÉ AZCUY CÁRDENAS • 1976

Aventuras de unos italianos en Rusia
Unión Soviética

The Adventures of Italians in Russia
Soviet Union

el fenómeno

EDUARDO MUÑOZ BACHS • 1978

Nacer en Leningrado
Cuba

Born in Leningrad
Cuba

JULIO ELOY MESA PÉREZ • 1975

Las fronteras del amor
Hungría

The Frontiers of Love
Hungary

LA ODISEA BLANCA

FILM BULGARO EN COLORES
DIRECCION: VASIL MIRCHEV
CON: NAUM SHOPOV

RENÉ AZCUY CÁRDENAS • 1975

La odisea blanca
Bulgaria

White Odyssey
Bulgaria

ANTONIO FERNÁNDEZ REBOIRO • 1975

Arcaño y sus maravillas
Cuba

Arcane and Its Wonders
Cuba

ANTONIO FERNÁNDEZ REBOIRO • 1975

Emiliano Zapata
México

Emiliano Zapata
Mexico

ANTONIO FERNÁNDEZ REBOIRO • 1978

Esclava del amor
Unión Soviética

Slave of Love
Soviet Union

el fenómeno

ANTONIO PÉREZ (ÑIKO) GONZÁLEZ • 1979

Al fin del mundo
Unión Soviética

The End of the World
Soviet Union

INDICE DE ARTISTAS

Los editores han hecho todo lo posible pero no fue posible localizar información sobre todos los artistas cuya obra se incluye en este libro.

Roberto Quintana Álvarez
124

Aldo Amador
1940 (La Habana)
Actualmente vive en Florida.
51, 53–56, 140–143

Eduardo Muñoz Bachs
1937 (Valencia, España)–2001 (La Habana)
Diseñador, ilustrador. De formación autodidacta. Diseñó programas y cientos de carteles para el ICAIC y la Cinemateca de Cuba. Sobre su extensa obra han aparecido artículos y ensayos tanto en el ámbito nacional como en el internacional. En 1995 Mayra Vilasís realizó el documental *El cine y yo* dedicado a la vida y la obra de este diseñador.
37, 38, 45, 47, 71–73, 118, 120, 186, 187, 190–206, 249, 251, 283, 286, 304

Raúl Oliva Baluja
1935 (Ciego de Ávila, Cuba)–2003 (La Habana)
Escenógrafo, diseñador y arquitecto. Graduado de Arquitectura en la Universidad de La Habana. Se vinculó al ICAIC desde 1963. Su cartel *Samurai* obtuvo el galardón al Mejor Diseño Gráfico Urbano, Consejo Nacional de Cultura, 1968.
227, 229, 250

Rafael Morante Boyerizo
b. 1931 (Madrid, España)
Diseñador, ilustrador. Graduado de la Escuela Profesional de Publicidad. Trabajó en la Agencia de Publicidad AVON en Nueva York. En el ICAIC, entre 1961 y 1963, realizó carteles para filmes nacionales y extranjeros.
42, 44, 84–88

René Azcuy Cárdenas
b. 1939 (La Habana)
Cursó estudios en la Academia de Bellas Artes San Alejandro y en la Escuela Superior de Artes y Oficios, en La Habana. Fue profesor de Diseño en la Escuela de Arquitectura del Instituto Superior Politécnico José Antonio Echeverría, La Habana. Vinculado al ICAIC desde su fundación, realizó más de 250 carteles de filmes cubanos y extranjeros. Premio en la Exposición Internacional de Carteles GITANE, París, Francia 1991 y Premio en la Segunda Bienal Internacional del Cartel, México 1992.

INDEX OF ARTISTS

The editors made every effort but it was not possible to locate information on all the artists whose work is included in this book.

Roberto Quintana Álvarez
124

Aldo Amador
b. 1940 (Havana)
Currently lives in Florida.
51, 53–56, 140–143

Eduardo Muñoz Bachs
1937 (Valencia, Spain)–2001 (Havana)
Emigrated to Cuba in 1941. Self-taught graphic designer and illustrator of about 2,000 posters for ICAIC and the Cinemateca de Cuba. Author and designer of numerous children's books. One of Cuba's most venerated artists, countless articles and essays on his vast work have appeared in national and international publications. In 1995, Mayra Vilasís made the documentary *El cine y yo*, dedicated to his life and work.
37, 38, 45, 47, 71–73, 118, 120, 186–187, 190–206, 249, 251, 283, 286, 304

Raúl Oliva Baluja
1935 (Ciego de Ávila, Cuba)–2003 (Havana)
Set designer, graphic designer, and architect. B.A. Architecture, University of Havana. Began collaborating with ICAIC in 1963. His poster, *Samurai,* won the 1968 award for Best Urban Graphic Design by the National Council of Culture in Cuba.
227, 229, 250

Rafael Morante Boyerizo
b. 1931 (Madrid, Spain)
Graphic designer and illustrator. Emigrated to Cuba in 1940. Graduated Escuela Profesional de Publicidad in the 1950s. Worked for two advertising agencies: Godoy Cuban Cross, and Guastella and Latin American Technical Organisation Advertising (OTPLA). Art directed campaign for Avon's newly established company in Havana in the 1950s. Worked for ICAIC from 1961 to 1963.
42, 44, 84–88

René Azcuy Cárdenas
b. 1939 (Havana)
Studied at the San Alejandro National School of Fine Arts and at the School of Arts and Crafts. Professor of design in the Architecture Department at José Antonio Echeverría Higher Institute for Polytechnic Studies. Has worked with

40, 49, 98–104, 121, 136, 230–242, 265, 269, 278, 290–292, 294–303, 306

Miguel Cutillas
?–? (Cuba)
Diseñador. Entre 1964 y 1972 integró el grupo de diseñadores del Departamento de Publicidad del ICAIC. Realizó carteles para filmes cubanos y extranjeros. Su obra ha formado parte de exposiciones colectivas y de selecciones para ilustrar libros y catálogos sobre la gráfica cinematográfica.
79, 80–83, 114

Roberto Martínez Díaz
b. 1949 (Cuba)
243, 244

Pedro Fernández Franco
222, 293

Umberto Peña Garriga
b. 1937 (La Habana)
Pintor, grabador y diseñador gráfico. Durante más de 20 años, dirigió el Departamento de Diseño en la Casa de las Américas, diseñó portadas de libros y la revista *Casa*. En 1977, sus carteles fueron presentados en la exposición *Cultura y revolución: l'affiche cubaine contemporánea* en el Centro Pompidou de París. Actualmente vive y trabaja en Salamanca, España.
138, 245

Silvio Gaytón
b. ? (La Habana)
Diseñador. Entre 1963 y 1965 integró el grupo de diseñadores del Departamento de Publicidad del ICAIC. Realizó carteles para filmes cubanos y extranjeros. Su obra ha formado parte de exposiciones colectivas y de selecciones para ilustrar libros y catálogos sobre la gráfica cinematográfica.
50, 105, 106, 137

Ignacio Damián González
b. 1967 (Villa Clara, Cuba)
Diseñador. Graduado en Pintura en la ENA en 1986 y en el ISA en 1993. Entre las décadas de los años setenta y los ochenta trabajó en la ambientación de fachadas y vestíbulos de salas cinematográficas. Se ha desempeñado como dibujante e ilustrador. Sus carteles han sido expuestos en Cuba y en el extranjero e incluidos en catálogos y libros sobre los carteles cubanos de cine.
210

ICAIC since 1960, designing more than 250 posters. Won the 1991 GITANE International Poster Exhibition Award in Paris, France. Served as a judge at the Second International Poster Biennial in México in 1992. A member of the Organizing Committee of the Fourth International Poster Biennale in México in 1996.
40, 49, 98–104, 121, 136, 230–242, 265, 269, 278, 290–292, 294–303, 306

Miguel Cutillas
(Cuba)
Graphic designer and illustrator. Helped form the advertising department at ICAIC in 1964 and worked there until 1972.
79, 80–83, 114

Roberto Martínez Díaz
b. 1949 (Cuba)
243–244

Pedro Fernández Franco
222, 293

Umberto Peña Garriga
b. 1937 (Havana)
Painter, engraver, and graphic designer. For more than 20 years, directed the Design Department at Casa de las Américas, designing book jackets and *Casa* magazine. In 1977, his posters were featured in the exhibition *Culture et Revolution: L'Affiche Cubaine Contemporaine* at Centre Pompidou in París. He currently lives and works in Salamanca, Spain.
138, 245

Silvio Gaytón
(Havana)
Graphic designer. Studied at the San Alejandro National School of Fine Arts. Helped form the advertising department at ICAIC in 1963 and worked there through 1965. Emigrated to Caracas, Venezuela, where he worked in advertising. Briefly moved to Madrid, Spain, before settling in the United States in 1975.
50, 105–106, 137

Ignacio Damián Gonzalez
b. 1967 (Villa Clara, Cuba)
Graphic designer, draftsman, and illustrator. Graduated from Escuela Nacional de Arte in 1986 and ISDI in 1993, earning a painting degree. From the 1960s to the 1980s, he designed lobbies and façades for movie theaters.
210

Antonio Pérez (Ñiko) González
b. 1941 (La Habana)
Diseñador y licenciado en Historia del Arte por la Universidad de La Habana. Ha realizado carteles políticos, de campañas y culturales. En 1968 se vinculó al ICAIC donde realizó más de trescientos carteles para filmes cubanos y extranjeros. Su obra ha sido expuesta en las reconocidas bienales internacionales de Checoslovaquia; Florencia, Italia; y Varsovia, Polonia. Ha publicado artículos e impartido conferencias sobre diseño gráfico y ha sido jurado de salones, concursos y bienales en Cuba y en el extranjero. Desde 1988 reside en Xalapa, México.
155, 160–185, 266, 268, 270, 271, 274, 279–282, 285, 310

Cecilia Guerra
188

Jorge Dimas González Linares
b. 1948 (Cuba)
Diseñador. Durante los primeros años de la década del setenta formó parte del grupo de diseñadores del Departamento de Publicidad del ICAIC. Trabajó para el Instituto Nacional de la Pesca. Realizó carteles para filmes cubanos y extranjeros. Trabajó en la ambientación de fachadas y vestíbulos de salas cinematográficas.
189, 211–214

Holbein López
b. 1926 (Matanzas, Cuba)
Diseñador. Graduado en Pintura y Dibujo en la Escuela de Artes Plásticas de Matanzas. Durante la década del cincuenta realizó dibujos animados corpóreos para la empresa cinematográfica de Catasús y Seiler, y en CMQ realizó telops en el departamento de cinematografía. En abril de 1961 comenzó a trabajar en el ICAIC en el Departamento de Dibujos Animados. Aunque realizó carteles para filmes y plegables, su labor fundamental fue el diseño de la revista *Cine Cubano* entre los años 1963 y 1986, en el que se retira.
41, 75, 76, 123

José Lucci
? (Italia)–? (Puerto Rico)
Ceramista, pintor y diseñador. Colaboró con la publicación *Lunes de Revolución*. Entre 1963 y 1965 diseñó carteles en el ICAIC. En estos trabajó la técnica del papel recortado con excelentes resultados artísticos. Murió en Puerto Rico.
77

Raúl Martínez
1927 (Ciego de Ávila)–1995 (La Habana)
Pintor, diseñador, fotógrafo. Cursó estudios en la Academia Nacional de Bellas Artes San Alejandro y en el Instituto de Diseño de Chicago, Estados Unidos. Fue director artístico del semanario cultural *Lunes de Revolución* y diseñador de Ediciones R. Fue uno de los pintores abstractos más importantes de mediados del siglo XX. Esporádicamente realizó carteles de cine para filmes cubanos. Su obra ha participado en las bienales de México, São Paulo, Venecia, y en el Salón de Mayo, París, entre otras. Tres documentales fueron

Antonio Pérez (Ñiko) González
b. 1941 (Havana)
B.A. Art History, University of Havana. Designed posters for political propaganda, political campaigns, and cultural events. Joined ICAIC in 1968, where he designed more than 300 posters. Work has been shown in international biennials: Czechoslovakia; Florence, Italy; and Warsaw, Poland. He has published articles, given seminars on graphic design, and juried group shows and biennials in Cuba and abroad. Has resided in Jalapa, México, since 1988.
155, 160–185, 266, 268, 270–271, 274, 279–282, 285, 310

Cecilia Guerra
188

Jorge Dimas González Linares
b. 1948 (Cuba)
Helped found the Advertising Department at ICAIC in the early 1970s. Worked for the Instituto Nacional de Pesca (National Institute of Fisheries), and as a decorator of façades and lobbies for movie theaters.
189, 211–214

Holbeín López
b. 1926 (Matanzas, Cuba)
Graduated in painting and drawing from the Matanzas School of Art. During the 1950s, created clay animation cartoons for Catasús y Seiler Film Company, and produced television spots in the Cinematography Department at CMQ Radio. In April 1961, he worked for ICAIC's Animation Department, and designed *Cine cubano* magazine from 1963 to 1986 before retiring.
41, 75–76, 123

José Lucci
(Italy)–(Puerto Rico)
Ceramicist, painter, and graphic designer. Collaborated on the publication *Lunes de revolución*. He designed posters for ICAIC from 1963 to 1965, specializing in paper cutting techniques.
77

Raúl Martínez
1927 (Ciego de Ávila, Cuba)–1995 (Havana)
Painter, graphic designer, and photographer. Studied at the San Alejandro National School of Fine Arts and at the Illinois Institute of Technology, Institute of Design in Chicago. He art directed the cultural weekly paper *Lunes de revolución*, and worked as a designer at Ediciones R. A venerable abstract painter of the mid-twentieth century, he occasionally designed posters for Cuban films. His work has been shown in biennials in Mexico City, São

dedicados a este artista: *Raúl Martínez* (1988), *Raúl Martínez, un clásico cotidiano* (1993), y *Él, ustedes, nosotros* (2008).
89, 224

Francisco Yánes Mayán
b. 1934 (Cuba)
Pintor, diseñador. Trabajó para el ICAIC durante la década de los sesenta. En los setenta formó parte del grupo de diseñadores que realizó carteles promocionales para el INTUR, con los cuales intentaron otorgar una nueva imagen de la isla de Cuba. Su obra ha participado en exposiciones personales y colectivas.
74, 208, 209

Miguel A. Navarro
b. 1934 (Cuba)
221

Fernando Pérez O´Reilly
1934 (Cruces, Cienfuegos, Cuba)–2001 (La Habana)
Arquitecto, diseñador. Desde 1969 hasta la década de los años setenta realizó exposiciones y montajes que se hicieron eco de los llamados enviroments. En la I Bienal de La Habana tuvo a su cargo la museografía del Pabellón Cuba. Fue el diseñador de producción de los filmes *Cartas del parque* (1989) y *Fresa y chocolate* (1994).
207, 248, 319

Raymundo García Parra
1934 (Santiago de las Vegas, Cuba)–2001 (La Habana)
Diseñador, ilustrador. Se desempeñó como ilustrador en el DOR. Realizó ilustraciones para las publicaciones *Bohemia*, *Juventud Rebelde* y *Caimán barbudo*.
2, 39, 90–97, 110, 112, 225, 226, 228

Julio Eloy Mesa Pérez
b. 1943 (Villa Clara, Cuba)
Cursó estudios en la Academia Nacional de Bellas Artes San Alejandro. En 1962 comenzó a trabajar en el ICAIC, donde realizó más de cien carteles para filmes cubanos y extranjeros. Entre 1987 y 1992 fue director artístico de la revista *Cine Cubano*. Ha obtenido premios nacionales e internacionales: Premio en el Concurso Internacional de afiches de Cine, Festival de Cannes, Francia, 1976; Premio Concurso de Carteles de Cine de Moscú, URSS, 1973; Premio en el International Film Posters Exhibition, Otawa, Canadá, 1972, entre otros. Desde 1991 vive en Texas, Estados Unidos.
78, 215–217, 219, 287–289, 305

René Portocarrero
1912–1985 (La Habana)
Artista autodidacta: aprendiz de un pintor a la edad de 14, pero se retiró después de poco tiempo para trabajar por su cuenta. Se convirtió en profesor de pintura y escultura en 1939. En 1945 viajó a Haití, Europa y EE.UU., donde había una exposición en la Galería Julian

Paulo, Venice, and the Salon de Mai in Paris, among others. Three documentaries have been made about his life: *Raúl martínez* (1988), *Raúl martínez, un clásico cotidiano* (1993), and *Él, ustedes, nosotros* (2008).
89, 224

Francisco Yánes Mayán
b. 1934 (Cuba)
Painter and graphic designer. He worked at ICAIC during the 1960s. In the 1970s, he worked with a group of designers to make promotional posters for the INTUR (National Institute of Tourism) in an effort to convey a new image for Cuba.
74, 208–209

Miguel A. Navarro
1934 (Oriente, Cuba) 2010 (Florida)
221

Fernando Pérez O'Reilly
1934 (Cruces, Cienfuegos, Cuba)–2001 (Havana)
Architect and graphic designer. From 1969 through the 1970s, he designed environmental exhibitions and installations, and curated the Cuban Pavilion for the first Havana Biennial. He was a production designer for *Cartas del parque* (1989) and *Fresa y chocolate* (1994).
207, 248, 319

Raymundo García Parra
1934 (Santiago de las Vegas, Cuba)–2001 (Havana)
Graphic designer and illustrator. Worked as an illustrator at the DOR. He produced illustrations for the publications *Bohemia, Juventud rebelde*, and *Caimán barbudo*.
2, 39, 90–97, 110, 112, 225–226, 228

Julio Eloy Mesa Pérez
b. 1943 (Villa Clara, Cuba)
Graphic designer. Completed studies at the San Alejandro National Academy of Fine Arts, and began working at ICAIC in 1962, designing more than 100 posters. From 1987 to 1992, he art directed *Cine cubano* magazine. He won several distinguished design awards at the Cannes Film Festival in 1976; the Moscow Film Poster Competition in 1973; and the International Film Poster Exhibition in Ottawa, Canada, in 1972. Has lived in Texas since 1991.
78, 215–217, 219, 287–289, 305

René Portocarrero
1912–1985 (Havana)
Self-taught artist. Apprenticed to a painter at 14, but quit after a short time to work on his own. Became a professor of painting and sculpture in 1939. In 1945, he traveled to Europe, Haiti, and the U.S., where he had an exhibition at the Julian Levy Gallery in New York. He has worked on many murals and

Levy, en Nueva York. Ha trabajado en muchos murales y cerámicas. Sus obras se encuentran en las colecciones permanentes del Museo de Arte Moderno de Nueva York, Centre Pompidou, París, la Galería Nacional de Canadá, Ottawa, y el Instituto de Arte Contemporáneo, Lima, Perú, entre otros.
48

Pedro M. González Pulido
1942 (La Habana)
Diseñador, escultor, dibujante. Cursó estudios en la Academia Nacional de Bellas Artes San Alejandro, en la que también fue profesor, y en el ISA. En la década de los sesenta diseñó carteles para el ICAIC. Algunas de sus esculturas han sido emplazadas en parques y hoteles de Cuba. Actualmente es profesor de la Academia Nacional de Bellas Artes San Alejandro.
223

Antonio Fernández Reboiro
b. 1935 (Nuevitas, Camagüey, Cuba)
Diseñador, director de cine. Cursó estudios de Arquitectura y Diseño en la Universidad de La Habana. Dirigió la revista *Havana Picture Guide* y fue auxiliar del arquitecto Ricardo Porro en el proyecto y construcción de la Escuela Nacional de Arte en La Habana, Cuba. Sus carteles forman parte de importantes colecciones: The Museum of Modern Art (MOMA), New York, U.S.A; Centre National d'Art et Culture Georges Pompidou, París, Francia. Entre 1982 y 1987 residió en Madrid, donde diseñó para el Teatro María Guerrero, Teatro Real y Ballet Nacional de España. Desde 1998 reside entre Miami y Madrid.
43, 46, 60–62, 64–69, 107, 109, 115–117, 119, 125, 149–159, 246, 247, 267, 272, 273, 275–277, 284, 307–309

Alfredo González Rostgaard
1934 (Guantánamo, Cuba)–2004 (La Habana)
Pintor, diseñador, dibujante. Fue director artístico de la revista *Tricontinental* y diseñador de la revista *Pensamiento Crítico*. Realizó carteles para la UNEAC, Casa de las Américas y otras instituciones políticas y culturales. Entre 1966 y 1970 colaboró con el ICAIC en la realización de carteles para filmes cubanos y extranjeros. Ha obtenido importantes premios: Premio Especial del Concurso Internacional de Carteles de Cine, Festival Internacional de Cine Cannes, Francia en 1976. Impartió clases de diseño en el Instituto Superior de Diseño Industrial en Cuba y en Xalapa, México.
52, 57–59, 63, 108, 111, 113, 122, 139, 144–148

Luis Vega de Castro
1944 (La Habana)
Dibujante, pintor, diseñador. Cursó estudios de Cerámica, Fotografía, Artes Plásticas e Historia del Arte en La Habana. Su obra ha formado parte de exposiciones personales y colectivas, entre las que se destacan las seleccionadas para el I Festival International d' Affiches du Cinema; XXVI Festival International du Film, Cannes, Francia y la VI Bienal Internacional del Cartel, Varsovia, Polonia. Desde 1980 reside en Miami, Estados Unidos.
218, 220

ceramics. His works are in the permanent collections of the Centre Pompidou, Paris; the Instituto de Arte Contemporaneo, Lima, Peru; the Museum of Modern Art, New York; and the National Gallery of Canada, Ottowa, among others.
48

Pedro M. González Pulido
b. 1942 (Havana)
Designer and sculptor. Studied at the San Alejandro National School of Fine Arts and at the ISA University. Designed posters for ICAIC during the 1960s. His sculptures have been installed in parks and hotels around Cuba. Currently serves as a professor at the San Alejandro National School of Fine Arts.
223

Antonio Fernández Reboiro
b. 1935 (Nuevitas, Camagüey, Cuba)
Graphic designer and film director. Studied architecture and design at the University of Havana. He oversaw *Havana Picture Guide* magazine, and assisted architect Ricardo Porro for the design and construction of the National School of Arts in Havana, Cuba. Posters are in permanent collections at The Museum of Modern Art in New York and the Centre Pompidou in Paris. He lived in Madrid from 1982 to 1987, where he worked as a designer for the National Ballet of Spain, the Teatro María Guerrero, and Teatro Real. Since 1998 he has been splitting his time between Miami and Madrid.
43, 46, 60–62, 64–69, 107, 109, 115–117, 119, 125, 149–159, 246–247, 267, 272–273, 275–277, 284, 307–309

Alfredo González Rostgaard
1943 (Guantánamo, Cuba)–2004 (Havana)
Painter, designer, and graphic artist. Art directed *Tricontinental* magazine and designed *Pensamiento crítico* magazine. He designed several posters for UNEAC (National Union of Artists and Writers of Cuba) and Casa de las Américas, among other political and cultural institutions. After he designed posters for ICAIC from 1966 to 1970, he won the Special Prize in the International Film Poster Competition, Cannes Film Festival, France, in 1976. He taught graphic design at the Higher Institute of Industrial Design in Cuba and in Jalapa, México.
52, 57–59, 63, 108, 111, 113, 122, 139, 144–148

Luis Vega de Castro
b. 1944 (Havana)
Graphic designer, painter, and designer. Completed studies in fine arts and art history in Havana. His work has been shown at the Sixth International Film Posters Biennial, Warsaw, Poland, and the Twenty-fifth Festival International du Film, Cannes, France. He has lived in Miami, Florida, since 1980.
218, 220

DEDICATORIA
A mi padre, Jack Goodman (1920–2010), quien siempre me dijo que mi nombre estaría escrito en letras luminosas (o por lo menos sobre el papel).
—*Carole Goodman*

A todos aquellos que creen que la cultura puede superar cualquier otra diferencia.
—*Claudio Sotolongo*

DEDICATION
To my father, Jack Goodman (1920–2010), who always told me my name would be in lights (or at least on paper).
—*Carole Goodman*

To all those who believe culture can overcome every other difference.
—*Claudio Sotolongo*

RECONOCIMIENTOS

Este libro no hubiera sido posible sin el apoyo de mucha gente. Quisiera extender mi inmenso agradecimiento al Sr. Pablo Pacheco, vicepresidente de ICAIC. Sin su autorización para imprimir estas imágenes este libro no hubiera podido ser. Fue un placer hablar con él y trabajar para ganarme su confianza en el manejo de tesoro visual de Cuba. Gracias a Déborah Holtz Cimet. También a Todd Bradway de D.A.P., así como Avery Lozada y el resto del equipo de D.A.P., quienes me animaron a buscar un editor del libro en México y ofrecieron distribuirlo en Estados Unidos. También quiero agradecer muy especialmente a mi hermano y a mi cuñada, Santiago Ferrera y Victoria Narro, por proponer mi proyecto a Trilce Ediciones y presentarme a Déborah. Su apoyo fue muy importante durante los cinco años que duró este proyecto. Por último, mi mayor agradecimiento a mi marido, Juan Ferrera, que ha sido mi mejor amigo desde el día que nos conocimos. Me animaba en los momentos de flaqueza y era el primero que me festejaba cuando las cosas iban bien. —**CG**

Deseo expresar mi agradecimiento a Tony O'Brien, quien organizó la exposición de carteles con el Centro Pablo de la Torriente, donde conocí a Carole, el personal de la Cinemateca de Cuba y en especial a Sara Vega, que me permitió llevar a cabo de muchos meses de la investigación con su colección; a Pablo Pacheco, cuya disposición y compromiso con la preservación de nuestro patrimonio cultural en los carteles de cine cubano siempre ha iluminado nuestros caminos; a los cineastas y diseñadores que amablemente accedieron a ser entrevistados por Carole y yo, mientras estábamos haciendo este libro; a Flor de Lis López y a Ponce Nelson, quien nos prestó su sabiduría acerca de los carteles de cine cubano, tanto desde el punto de vista del historiador y el diseñador, y a mi familia que siempre me ha apoyado en todos los proyectos, en particular en este. —**CS**

ACKNOWLEDGMENTS

This book would not have been possible without the assistance of many people. I would like to extend tremendous appreciation to Sr. Pablo Pacheco, the Vice President of ICAIC. Without his permission, this book would have never happened. It was a pleasure speaking with him and working to gain his trust in handling Cuba's visual treasure. I am especially grateful to Todd Bradway, Avery Lozada, and their colleagues at D.A.P. They encouraged me to seek a book publisher in Mexico and took a chance on distributing this book in the U.S. Thanks also to Déborah Holtz Cimet. Special appreciation goes to my brother-in-law and sister-in-law, Santiago Ferrera and Victoria Narro, for presenting my proposal to Trilce Ediciones. My biggest gratitude goes to my husband, Juan Ferrera, who has been my best friend since the day we met. He encouraged me when I was feeling doubtful, and was my biggest cheering section when things were going well. —**CG**

I wish to express my acknowledgments to Tony O'Brien, who organized the poster exhibition with Centro Pablo de la Torriente— where I first met Carole; the staff of the Cinemateca de Cuba and especially Sara Vega, who allowed me to conduct many months of research using their collection; Pablo Pacheco, whose willingness and commitment to the preservation of our cultural heritage in Cuban film posters has always lightened our paths; the filmmakers and designers who kindly agreed to be interviewed by Carole and me while we were making this book; Flor de Lis Lopez and Nelson Ponce, who lent us their wisdom about Cuban film posters, both from the viewpoint of an historian and a designer; and my family, who has always supported me in every project, particularly this one. —**CS**

COLOFÓN

En la composición de este libro se usaron las tipografías Bureau Grotesque, Egyptienne y Civil War Type No. 2. La tipografía Bureau Grotesque, diseñada en 1989 por David Barlow, tiene influencias de los tipos sans serif del siglo XIX. Bureau Grotesque fue originalmente diseñada para la revista *Newsweek* y posteriormente adoptada por *Entertainment Weekly*. La altura de la x es de gran tamaño lo que la hace idónea para la lectura de textos en tamaños pequeños y para cortar letras a mano en la producción e impresión de carteles impresos en serigrafía.

Egyptienne fue diseñada en 1956 por Adrian Frutiger. Esta tipografía de serif cuadrado, también conocida como estilo egipcio en Europa, fue el primer tipo de letra creado específicamente para la impresión en offset y la fotocomposición. Cuenta con una prominente altura de la x que la hace legible en diversas composiciones de texto utilizadas en carteles y periódicos.

La tipografía Civil War Type No. 2 fue diseñada por la compañia Walden Font que recupera tipografías de importancia histórica. El carácter gastado de esta tipografía recuerda la utilizada en algunos de los primeros carteles de cine cubano que también han perdido sus bordes nítidos con el tiempo.

COLOPHON

The typefaces used to design this book are Bureau Grotesque, Civil War Type No.2, and Egytienne. Bureau Grotesque, designed in 1989 by David Berlow, is influenced by the style of nineteenth-century sans serif typefaces. Bureau Grotesque was designed originally for *Newsweek* magazine and was later adopted by *Entertainment Weekly*. Its large x-height makes it optimal for reading text in small sizes or for cutting letters out by hand in the production and printing of silk screened posters.

Civil War Type No. 2 was designed by The Walden Font Company. They resurrect period typefaces of historical importance. This typeface's worn out character is reminiscent of the type on some early Cuban film posters, which have also lost their crisp edges over time.

Adrian Frutiger designed Egyptienne in 1956. This slab serif typeface—a style known as "Egyptian" in Europe—was the first text typeface created specifically for photocomposition and offset printing. It has a large x-height and is legible in varied text settings, such as posters and newspapers.

FERNANDO PÉREZ O'REILLY • 1967

A las cuatro de la madruga
Inglaterra

Four in the Morning
England